Idéias Próprias

Cordelia Fine

Idéias Próprias

Como seu cérebro distorce a realidade e o engana

Tradução
J. R. Souza

DIFEL

Título original: *A mind of its own*

Capa: Estúdio Insólito

Editoração: DFL

2008
Impresso no Brasil
Printed in Brazil

CIP-Brasil. Catalogação na fonte
Sindicato Nacional dos Editores de Livros, RJ

F532i Fine, Cordelia
Idéias próprias: como seu cérebro distorce a realidade e o engana/Cordelia Fine; tradução J. R. Souza. — Rio de Janeiro: DIFEL, 2008.
272p.

Tradução de: A mind of its own
ISBN 978-85-7432-088-5

1. Auto-engano. I. Título.

CDD – 150
08-3292 CDU – 159.9

Todos os direitos reservados pela:
DIFEL – selo editorial da
EDITORA BERTRAND BRASIL LTDA.
Rua Argentina, 171 – 1º andar – São Cristóvão
20921-380 – Rio de Janeiro – RJ
Tel.: (0xx21) 2585-2070 – Fax: (0xx21) 2585-2087

Para Russel

Sumário

Introdução 11

CAPÍTULO 1: O Cérebro Presunçoso 13
Para uma realidade mais suave e mais gentil

CAPÍTULO 2: O Cérebro Emocional 43
Dedos suados em todos os bolos

CAPÍTULO 3: O Cérebro Imoral 69
A terrível criança interior

CAPÍTULO 4: O Cérebro Iludido 95
Uma abordagem desleixada da verdade

CAPÍTULO 5: O Cérebro Cabeça-Dura 125
A lealdade levada muito longe

CAPÍTULO 6: O Cérebro Discreto 151
Expondo a fraude do mordomo mental

CAPÍTULO 7: O Cérebro sem Força de Vontade 177
A prima-dona interior

CAPÍTULO 8: O Cérebro Fanático 207
"Bandido... mordaz... porco... cê-dê-efe... simplório"

EPÍLOGO: O Cérebro Vulnerável 235

NOTAS 245

Agradecimentos

MEUS SINCEROS AGRADECIMENTOS a Angela von der Lippe e Vanessa Levine-Smith pelos conselhos e encorajamento. Elas e Carol Rose melhoraram o manuscrito com muitas sugestões importantes. Também sou muito grata à minha agente, Barbara Lowenstein, e seus colegas da Lowenstein-Yost Associates pela ajuda em diversos assuntos. Agradeço também a Simon Flynn e colegas por tudo que fizeram pela versão britânica do livro. À minha mãe, que sempre disse as coisas certas quando me sentia como uma descerebrada, dedico a mais profunda gratidão. E, por fim, sem o extremamente prático apoio de meu marido, eu ainda estaria trabalhando no Capítulo 1. Obrigada.

Introdução

Você acha que pode confiar em seu próprio cérebro? É possível que ele possa falhar momentaneamente ao se defrontar com a tabuada de 13. Pode, às vezes, enviá-lo a um determinado local, em busca de algo, e lá abandoná-lo. E, caso o seu cérebro seja um pouco parecido com o meu, pode se recusar, de maneira obstinada, a dominar a técnica de estacionar em vaga paralela. Contudo, estas são queixas insignificantes e ingratas, se considerarmos tudo que nossos cérebros fazem por nós. Nunca estivemos tão conscientes da extraordinária complexidade e sofisticação daquele bilhão de células cerebrais que compõem o motor da mente. Raramente se passa mais de um dia sem que uma matéria na imprensa exalte esses neurônios agrupados, ressaltando uma maravilha recém-descoberta de seu trabalho de equipe.

No dia-a-dia, praticamente ignoramos nossos cérebros, mas (em especial com este livro nas mãos) é provável que você sinta um tímido orgulho em nome de seu cérebro. Lendo um livro sobre sua vida própria, que mais ele poderia fazer? Afinal, ele diz a você quem você é, o que pensar e o que existe no mundo à sua volta. Apenas a você, e a ninguém mais, ele confia suas ruminações, sensações e conclusões. Você deve agradecer ao seu cérebro por tudo que sabe sobre qualquer coisa. Você pode pensar que, se existe alguém neste mundo em que pode confiar, é seu próprio cérebro. Vocês dois são, afinal, tão íntimos quanto é possível ser.

No entanto, a verdade — como revelada pela extraordinária e fascinante pesquisa descrita neste livro — é que seu inescrupuloso cérebro não merece, de modo algum, sua confiança. Ele tem alguns hábitos astutos que deixam a verdade distorcida e disfarçada. Seu cérebro é presunçoso. É emocional e imoral. Ele o engana. É cabeça-dura, discreto e destituído de força de vontade. Ah, ele também é intolerante e isto é mais que uma simples inconveniência. A noz carnuda dentro de sua cabeça é tudo de que você dispõe para conhecer a si próprio e conhecer o mundo. Na verdade, graças à encenação de um cérebro que não é digno de confiança e que tem idéias próprias, muito daquilo que você acha que conhece não é o que parece.

CAPÍTULO 1

O Cérebro Presunçoso

Para uma realidade mais suave e mais gentil

UMA SEMANA APÓS ESTE LIVRO ter sido encomendado por uma editora britânica, descobri que estava grávida de meu segundo filho. O manuscrito devia ser entregue três dias antes do nascimento do bebê. Meu marido, gerente de projetos, tanto por temperamento como por profissão, estabeleceu um cronograma para mim. Aos meus olhos, o plano não refletia, de modo algum, a complexidade, sutileza e imprevisibilidade do processo de escrever um livro. Era pouco mais que uma planilha eletrônica, indicando o número de palavras que deveria escrever por semana e quando as deveria escrever. Segundo o plano, eu deveria trabalhar todos os fins de semana até o nascimento do bebê.

"Este cronograma estabelece que devo trabalhar todos os fins de semana até o nascimento do bebê", disse a ele.

"E durante as férias também", meu marido acrescentou.

Achei que ele havia esquecido algo. "Quando vou *descansar*?"

"Descansar?" Meu marido fingia examinar o cronograma. "No meu modo de ver, você terá dois dias de descanso após terminar o manuscrito, um pouco antes de entrar em trabalho de parto, dar à luz e ter sua vida inteiramente dominada pelas necessidades nutricionais de um recém-nascido."

Por um instante, me imaginei em trabalho de parto, dizendo à parteira, entre as contrações, como era bom ter algum tempo apenas para mim.

"E se eu não der conta?", perguntei.

Meu marido olhou-me com um jeito de isto-não-é-tão-difícil-assim. "*Isto* é o que você deve fazer", ele respondeu, apontando para o cronograma. "Você deve escrever este número de palavras por semana."

Ele estava certo, disse a mim mesma. Obviamente, eu iria dar conta. Estar grávida era irrelevante. Afinal, gestar um bebê é fácil — nem é necessário um cronograma. Meu primeiro trimestre de náusea e esgotamento logo passaria. Os cérebros de outras mulheres, mais fracas, poderiam ser feitos reféns pelos hormônios da gravidez, mas não o meu. Minha barriga permaneceria bem contida para que eu pudesse alcançar o teclado do computador. E com certeza definitivamente, sem qualquer dúvida, o bebê não chegaria de maneira inconveniente, antes da hora. Claro que eu conseguiria escrever o livro.

No entanto, fiz algo muito tolo. Comecei a pesquisar o tema deste capítulo — o cérebro presunçoso. O cérebro presunçoso que o embeleza, intensifica e enaltece. O cérebro presunçoso que desculpa suas imperfeições e falhas ou simplesmente as apaga da história. O cérebro presunçoso que o coloca em um pedestal acima de seus pares. O cérebro presunçoso que erroneamente pensa que você é invencível, invulnerável e onipotente. O cérebro *tão* presunçoso que, até mesmo, considera que as letras que aparecem em seu nome são mais atraentes que aquelas que não aparecem.[1]

Eu não queria saber de nada disso. Contudo, as coisas ficaram piores. Passei a ler sobre como são essenciais essas ilusões positivas. Elas mantêm sua cabeça funcionando e seu coração batendo. Elas o impedem de ficar parado em uma passarela sobre a via férrea mirando contemplativamente o trem que se aproxima. Sem um pouco de otimismo que ilude, seu sistema imunológico começaria a questionar se vale a pena o esforço de mantê-lo vivo. E, mais extraordinário, parece que algumas vezes seu cérebro consegue transformar as crenças grandiosas em realidade. Amparado por um cérebro que o ama como uma mãe, você luta e persevera — alegremente cego às próprias imperfeições e desprezando, com arrogância, possíveis obstáculos — e consegue alcançar seus objetivos.

Preciso ter meu cérebro presunçoso de volta. *Imediatamente.*

Felizmente, consegui recuperar meu otimismo, e o manuscrito veio à luz alguns dias antes do bebê. Entretanto, cerca de três meses mais tarde, meu agente procurou-me para me informar de que a editora W. W. Norton estava interessada no livro. Na verdade, a editora gostou tanto do livro que pediu mais cem páginas. (Meu marido não sabia o que abrir primeiro — o champanhe ou a planilha eletrônica.) Esta era uma perspectiva assustadora: com um recém-nascido em casa, escrever uma simples lista de compras já podia ocupar um dia inteiro. Afortunadamente, minhas ilusões positivas triunfaram mais uma vez. Deixando de lado todos os pensamentos pessimistas a respeito das dificuldades à frente, pus-me a apontar os lápis. Como a existência deste livro comprova, deu certo. No entanto, é minha vez de tentar estragar suas chances de felicidade, saúde e sucesso, desiludindo-o.

Embora perturbe os filósofos, para a maioria de nós é muito mais confortável que a única maneira de nos conhecermos e de conhecermos o mundo seja por meio do prisma deturpador de nossos cérebros. Freud sugeriu que o ego "rejeita o conceito inaceitável", e, desde então, psicólogos experimentais têm descascado as camadas protetoras que revestem nossa auto-estima, revelando a variedade de estratégias que nossos cérebros usam para manter nossos egos inflados e satisfeitos. Comecemos com alguns fatos básicos. Se alguém perguntar, as pessoas confessarão, modesta e relutantemente, que são, por exemplo, empregados mais éticos e com motivação mais nobre ou melhores motoristas que a média.[2] Este último caso inclui até pessoas que foram entrevistadas em hospitais, logo após serem retiradas dos destroços retorcidos que, um dia, foram seus carros. Não nos consideramos como parte da metade inferior da pilha e, estatisticamente, isto não é possível. Entretanto, em uma amostra de cérebros presunçosos, é inevitável.

Para começar, sempre que possível seu cérebro interpretará a pergunta da maneira que for melhor para você. Se me perguntassem como minhas habilidades de motorista se comparam com as de outros, eu me classificaria melhor que a média, sem hesitação. Meus antecedentes de direção em velocidades acima de dois quilômetros por hora são impecáveis. No entanto, abaixo desta velocidade, a pintura de meu carro e qualquer objeto estacionário perto do qual tente estacionar estão em constante perigo. Estas caras uniões do estacionário e do quase estacionário são tão freqüentes que, certa vez, considerei cobrir as partes vulneráveis de meu carro com plástico bolha. Minha mãe, ao contrário, é capaz de dar marcha à ré com refinada precisão e, em um piscar de olhos, estacionar em uma vaga. Entretanto, em cruzamentos, ela quase sempre bate na traseira de carros que "deveriam ter andado". Ela também considera excelentes suas habilidades na direção. Você começa a ver como todos se sentem no direito de estar na metade superior da população de motoristas. Caso o questionem sobre uma característica ou habilidade que sejam favoravelmente ambíguas, você interpreta a pergunta de forma a atender as suas próprias características idiossincrásicas.[3]

Mesmo que você seja um fracasso total em uma área da vida, seu cérebro dá um jeito de diminuir a importância da habilidade em questão. Eu, por exemplo, não consigo desenhar. Sou o equivalente artístico de ser surdo para tons. Porém, isto não me chateia de forma alguma, pois, para meu cérebro, desenhar é algo desnecessário. Entendo que ser um artista pode ser útil, da mesma forma que, para um contorcionista, é útil ser capaz de dobrar as pernas atrás da cabeça. Essencial para uma minoria, mas nada além de um vistoso truque de festa para o resto do mundo.[4] Por fim, em uma esperta intensificação deste auto-aprimoramento, acreditamos que nossas fraquezas são tão comuns que, na verdade, fazem parte da falibilidade humana ordinária, enquanto nossas forças são raras e especiais.[5]

O que estas estratégias revelam é que uma pequena margem de ação pode ser amplamente estendida por um cérebro presunçoso. A próxima técnica no arsenal de nosso cérebro para a defesa do ego explora a ambigüidade ao limite. Quando explicamos a nós mesmos e aos outros por que as coisas deram certo ou errado, preferimos explicações que nos colocam na melhor posição possível. Assim, somos rápidos em assumir que nossos sucessos são devidos às nossas preciosas qualidades, enquanto a responsabilidade pelos fracassos pode, em geral, ser depositada na porta da falta de sorte ou na de outros tolos. Este viés em proveito próprio, como é conhecido, é demonstrável com facilidade em laboratórios de psicologia.[6]

Quando dizemos, casualmente, a uma pessoa que ela foi bem-sucedida na realização de uma tarefa (por exemplo, na solução de quebra-cabeças), ela aceita o crédito pelo feito; no entanto, quando dizemos a uma pessoa que ela não se saiu bem, ela deposita a responsabilidade em outros, como seus parceiros na tarefa. Quando o fraco desempenho em uma tarefa pode representar uma significativa ferida ao ego, o cérebro é particularmente ativo em autopromoção.[7] Quando dizemos a uma pessoa que a solução de quebra-cabeças está relacionada à inteligência, ela é muito mais sujeita ao viés em proveito próprio do que aquelas a quem dizemos que resolver quebra-cabeças é apenas algo que quem não gosta de ler faz no trem. Quanto maior a ameaça em potencial, mais autoprotetor se torna o cérebro presunçoso. Em uma ironia final, as pessoas pensam que as outras são mais suscetíveis ao viés em proveito próprio que elas mesmas.[8] (Permita-se um momento para digerir completamente esta frase, caso necessário.)

Assim, quando pesquisadores da vida e da psicologia são gentis e deixam ambíguas as razões para sucesso ou fracasso, o viés em proveito próprio ocupa-se, de pronto e sem esforço, em proteger e nutrir o ego. Entretanto, nossos cérebros presunçosos não são completamente alheios à realidade. Não importa quão parcial seja minha justificativa do porquê de ter errado ao somar a conta do restaurante, pois não tenho qualquer intenção de me candidatar a uma vaga de professor de matemática. Em definitivo, isto é bom. Quando perdemos toda e qualquer visão de nossa feia face no espelho da realidade, isso em geral significa que também perdemos o controle de nossa sanidade. No entanto, quem quer ver as verrugas e tudo mais com clareza imaculada? Já descobrimos que o cérebro presunçoso projeta nossas características em seus ângulos mais enaltecedores. Agora, vasculharemos seu saco de truques mais a fundo. Ao utilizar-se de vieses poderosos na memória e raciocínio, o cérebro pode censurar e editar a verdade de maneira seletiva, tanto a respeito de nós mesmos como do mundo, abrindo espaço para uma realidade mais suave, gentil e, no todo, mais palatável.

Talvez, o fracasso seja o maior inimigo do ego, e esta é a razão pela qual o cérebro presunçoso se esforça em barricar a porta para impedir a entrada deste visitante indesejável. O viés em proveito próprio, que já conhecemos, provê alguns serviços adicionais para este fim. Uma abordagem consiste em lhe dizer que, em retrospectiva, as chances estavam contra você e que o fracasso era inevitável. Pesquisadores descobriram que os otimistas, em particular, fazem uso desta estratégia, que foi chamada de pessimismo retroativo e torna o fracasso mais facilmente digerível.[9]

Há pessoas que exploram o viés em proveito próprio de forma diferente, chamada de autodesvantagem. Na autodesvantagem, o cérebro se assegura em ter uma desculpa não ameaçadora para o fracasso, caso este ocorra. Se você puder culpar sua falta de esforço pelo fraco desempenho em um teste de inteligência, por exemplo, a auto-imagem enaltecedora de sua inteligência e competência permanecerá incontestável. A autodesvantagem também amplifica a doçura do sucesso, quando este ocorre, criando para seu ego uma situação de vencer ou vencer. O uso de drogas, sintomas de doenças, ansiedade — tudo pode ser usado para proteger o ego do fracasso. Considere, por exemplo, um grupo de alunos que relatem sofrer de forte ansiedade durante as provas. Segundo um trio de pesquisadores animadoramente rudes, os cérebros destes desonestos estrategistas exploram, sempre que possível, a ansiedade durante as provas para atingir fins ignóbeis.[10] A estes estudantes, que sofrem de ansiedade durante as provas, os pesquisadores aplicaram um difícil teste de duas partes, elaborado como uma medida da inteligência geral. No intervalo entre as duas partes do teste, os alunos foram instados a dizer quão ansiosos se sentiam em relação ao teste e que esforço estavam dedicando a ele. Entretanto, um pouco antes desta enquete, a desvantagem em potencial de *alguns* alunos foi aniquilada. A eles foi dito que uma característica extraordinária do teste a que se submetiam era a de ser transparente à ansiedade, e — independentemente de quão nervosos estivessem — as notas seriam uma medida precisa da habilidade intelectual de cada um.

Isto era, ao mesmo tempo, astucioso e mesquinho. Caso uma aluna sujeita à ansiedade diante de uma prova relate precisamente quão ansiosa se sente, sem qualquer motivação em proveito próprio, mesmo que pense que a ansiedade possa diminuir sua nota, isto não deve fazer qualquer diferença para ela — deve declarar o mesmo nível de ansiedade, indiferentemente. Entretanto, caso o teste de ansiedade seja usado para proteger a auto-estima, então seria importante que ela pensasse que a ansiedade ofereceria uma desculpa plausível para o fraco desempenho no teste. Caso pense que as notas sejam afetadas de modo negativo pelos nervos, se sentirá tentada a se proteger do possível fracasso alegando uma maior suscetibilidade ao nervosismo. Isto foi exatamente o que os pesquisadores observaram. O auto-relato de ansiedade foi usado apenas pelos alunos que pensaram que a ansiedade oferecia a costumeira desculpa não ameaçadora pelas notas baixas. Os outros alunos, que sabiam que não poderiam culpar os nervos, não se importaram em fazê-lo. Agiram de modo diferente. No lugar da desvantagem usual, alegaram ter dedicado menos esforço ao teste. É preciso mais que uns poucos psicólogos para bloquear a esperteza persistente de um cérebro presunçoso.

Mesmo quando seu cérebro não aceita ser responsável quando as coisas não dão certo, a pesquisa mostra que, poucos dias depois, ele pode ter convenientemente descartado as explicações mais desagradáveis para o fracasso. Em uma experiência que investigava este fenômeno, estudantes universitários receberam uma tarefa que, supostamente, avaliava sua "destreza manual e coordenação de percepção cognitiva".[11] ("Eu sou habilidoso e sou coordenado.") Você pode imaginar um ego masculino querendo logo um pedaço dessa torta. Aos alunos foi dito, de modo aleatório, que eram hábeis virtuosos da percepção cognitiva ou que, francamente, qualquer comerciante de porcelana preferiria receber um touro em sua loja. Assim, logo após o teste ou alguns dias mais tarde, os alunos foram instados a explicar por que haviam se saído bem ou mal. Os alunos cujos cérebros presunçosos tiveram alguns dias para editar a memória da experiência apresentaram uma maior auto-amplificação de por que haviam tido sucesso ou fracasso, em comparação com aqueles que deram suas explicações imediatamente após o teste.

Obviamente, a memória é um dos maiores aliados do ego. Boas coisas sobre nós mesmos tendem a ter um lugar garantido nas células do cérebro, enquanto coisas ruins — opa! — têm hábito de ceder o lugar e escapar. Imagine ser submetido a um teste de personalidade e, a seguir, receber uma lista de comportamentos que, segundo o teste, você pode exibir. Depois, você se lembraria de comportamentos mais negativos (como "Você faria piada com os outros por causa da aparência" e "Você, com freqüência, mentiria aos pais") ou dos comportamentos mais positivos (como "Você ajudaria seu vizinho deficiente físico a pintar a casa" e "Se pedissem para guardar segredos, você guardaria")? De maneira intuitiva, você pode pensar que as surpreendentes predições de que poderia ser descortês e não confiável destoariam tanto de seu quase sempre positivo autoconceito que seriam mais notáveis. Entretanto, quando pesquisadores aplicaram um falso teste de personalidade como este, não foi isso que observaram.[12] Em vez disso, foram as predições de atos louváveis e caridosos que ficaram na memória das pessoas. A razão é que seus cérebros simplesmente se recusam a alocar tanto tempo às predições ruins de processamento quanto às boas. Parece ser mais fácil um camelo passar pelo buraco de uma agulha que um dado negativo entrar no reino da memória.

A memória não apenas é conivente com o cérebro a respeito da informação que ele deixa entrar, como você pode começar a temer, mas também controla a informação que deixa sair. Todos os cérebros contêm um enorme banco de dados de memórias pessoais relacionadas àquela perene e fascinante pergunta, Quem *sou* eu?, ou ao autoconceito. Contudo, os psicólogos descobriram que o autoconceito é auto-ajustável.[13] Se o autoconceito que você usa não se ajustar mais aos motivos, o cérebro apenas veste algo mais confortável. A memória é o prestativo assistente neste processo. A memória tem a destreza para pegar as recordações pessoais que melhor se encaixam nas novas circunstâncias. Dois pesquisadores da Universidade Princeton observaram esta metamorfose ao seduzir os cérebros presunçosos dos voluntários com uma atraente mudança do autoconceito.[14] Eles pediram que um grupo de estudantes lesse um de dois (falsos) artigos científicos. O primeiro afirmava que uma personalidade extrovertida ajudava as pessoas a obter sucesso acadêmico. O segundo, distribuído a um igual número de estudantes, afirmava, ao contrário, que os introvertidos tendiam a ser mais bem-sucedidos. Você pode adivinhar o que acontecerá. Imagine. Você é um cérebro presunçoso. Você é um cérebro presunçoso na *Universidade Princeton*, pelo amor de Deus. Alguém oferece a você um cintilante, brilhante, deslumbrante autoconceito que diz: "Ei, mundo, *eu* chegarei lá." O traço de personalidade que disseram que oferece uma escada cristalina para o sucesso pode não ser exatamente do seu tamanho; mas, se você, com um pequeno ajuste, puder fazer com que sirva, você conseguirá. Seja lá qual for o traço de personalidade que os estudantes consideram ser a chave para o sucesso, eles pensam ser possuidores desse traço em alta escala.

O que acontece é que o cérebro presunçoso consulta a memória para se assegurar de que o autoconceito mais atraente irá servir. Do enorme armário de ricos e complicados eventos autobiográficos de sua vida, a memória seleciona as lembranças que melhor se ajustam ao autoconceito que você tenta alcançar. Quando as pessoas ouvem que os extrovertidos, digamos, tendem a ser mais bem-sucedidos que os tímidos e reservados, suas memórias é que sustentam os traços socializáveis e expansivos que, rápida e prontamente, precipitam-se para a consciência.[15] E, como já vimos, a memória também guarda o portão da frente. Se forem dadas informações adicionais sobre personalidade a uma pessoa que ouviu que um certo tipo de personalidade leva ao sucesso, ela se lembrará muito mais da informação que mostra que possui o atributo supostamente mais favorável.[16]

A razão é o outro poderoso protetorado do cérebro presunçoso. Isto pode parecer um pouco singular. A razão não deveria ser a bússola a nos guiar em direção à verdade, em vez de nos salvar dela? Parece que não — em particular quando nosso ego estiver sob ataque. Na verdade, o melhor que podemos, nessas circunstâncias, dizer sobre nosso dom de pensar é que reconhecemos, pelo menos, que conclusões não podem ser tiradas do chapéu: precisamos de um pouco de evidência para sustentar nossa conjectura. O problema é que nos comportamos como um esperto advogado que procura evidências para apoiar o caso de seu cliente, e não como um júri que busca a verdade.[17] Como vimos, a memória é, freqüentemente, a secretária superzelosa que ajuda neste processo, escondendo ou destruindo arquivos que abrigam a informação indesejada. Somente após o material objetável ter sido retalhado é que ousamos dar uma olhada. A evidência que sustenta seu caso é logo aceita, e os ajudantes legais são despachados em busca de mais evidência do mesmo tipo. Entretanto, a evidência que ameaça o principal cliente da razão — você — é submetida a exaustivo escrutínio. Exatidão, validez e plausibilidade são atacadas no banco das testemunhas. O caso será ganho em breve. Uma vitória da justiça e da verdade, você pensa, ignorando de modo conveniente o fato de que o seu era o único advogado no tribunal.

Hora de observar seu advogado bambambã em ação. Imagine que exista um boato de que determinadas coisas em você prognosticam desfavoravelmente seu desempenho na profissão escolhida. Sua reputação está sob ameaça, e seu advogado está empenhado em defendê-lo desta calúnia em potencial. Esta foi a situação criada em um estudo que demonstrou que o cliente sempre está certo. Estudantes universitários foram convidados a tomar parte em um experimento relacionado às razões para o sucesso em direito, medicina e negócios.[18] Eles receberam descrições fictícias de pessoas que supostamente foram bem ou malsucedidas na faculdade. Os tipos de atributos descritos eram algo como ser o filho mais velho ou mais novo, ser católico ou protestante, ter uma mãe que trabalhava fora ou era dona-de-casa.

Imaginemos que uma das estudantes seja a filha mais nova de uma família católica cuja mãe ficava em casa, criando-a e aos outros dez filhos mais velhos, e que a estudante deseje ser médica. Ela fica sabendo de um médico bem-sucedido que é católico, filho mais velho, cuja mãe trabalhava fora. Não seria bom se ela pudesse convencer-se de que as coisas que tem em comum com o tal médico são as responsáveis pelo sucesso, mas que as coisas pelas quais diferem não são importantes? Isto é exatamente o que acontece. A estudante decide que ter uma educação católica traz sucesso e que os outros dois fatores são relativamente sem importância. No entanto, caso essa estudante soubesse que a mesma pessoa era *mal*sucedida, repentinamente seu catolicismo pareceria muito menos relevante (o que a religião poderia ter a ver com isso?), enquanto a ordem de nascimento e o trabalho da mãe — os fatores pelos quais ela difere — se tornariam cruciais. Seu dedicado advogado constrói a argumentação mais enaltecedora e em proveito próprio que é possível com os dados disponíveis.

O próximo passo é a avaliação de evidência. Quando a evidência representa uma ameaça para seu ego, um bom advogado sempre pode encontrar uma falha. Em um experimento, alunos do ensino médio foram submetidos a um teste de inteligência.[19] A alguns foi dito que tiveram um bom resultado; a outros, que tiveram um resultado ruim. Todos tiveram que ler algumas páginas que continham argumentos de cientistas, tanto a favor como contra a validade de testes de inteligência. Embora a mesma informação tivesse sido dada a todos, as pobres cobaias cujos egos foram ameaçados pelo resultado ruim decidiram que os testes de inteligência eram uma ferramenta muito mais tosca para medir a profundidade da inteligência do que os alunos informados de terem se saído muito bem. Haveria a memória escondido os arquivos a favor dos testes de inteligência? Na realidade, não. Na verdade, os alunos de egos ameaçados lembravam-se *mais* dos argumentos a favor dos testes de inteligência do que os outros. Isto parece um pouco singular, até que você considere que o advogado do cérebro presunçoso deve ter se empenhado muito para depreciar aqueles argumentos específicos. Caso você dedique um grande esforço inquirindo uma testemunha, terá uma boa lembrança do que ela disser, mesmo que não acredite em uma única palavra de suas mentiras.

De modo geral, parece que nos contentamos em empregar os argumentos mais medíocres... até que alguma ameaça paire sobre nossa motivação e, nesse momento, rapidamente adquirimos os mais estritos padrões metodológicos possíveis.[20] O advogado esperto em nós também tem habilidade para encontrar testemunhas de apoio que sustentem nossa defesa. Você se recorda dos experimentos em que pessoas foram informadas de que ser extrovertido ou introvertido conduz mais facilmente ao sucesso? Bem, além de polarizar sua memória para fazê-lo crer que foi abençoado com o atributo mais favorável de personalidade, seu cérebro também o encoraja a ter a companhia de pessoas que o vêem dessa mesma forma.[21]

É MUITO inquietante saber que seu ego está tão bem protegido da realidade. E não é apenas seu ego que é mantido distante da realidade de forma tão segura. Talvez, de modo compreensível — considerando os dardos e chicotadas do destino* que devemos evitar todos os dias —, seu cérebro utilize inúmeras estratégias semelhantes para manter sua percepção da saúde futura, felicidade e destino agradavelmente fantasiosa.

Assim como todos acreditamos ser melhores que a média das pessoas, também acreditamos ser mais ou menos invulneráveis às vicissitudes da vida. Da mesma forma que fazemos com qualquer coisa que ameace nossos egos, elevamos a alturas absurdas nossos critérios para indícios que possam desafiar nossas crenças auspiciosas. Por exemplo, cérebros preferem não levar muito a sério qualquer informação médica que ameace nosso senso de invencibilidade física. Meu sogro tem um estilo de vida que, falando com sinceridade, faria o mais sério cardiologista derramar lágrimas sobre seus folhetos de informação de saúde pública. Estatisticamente, ele deveria ter morrido logo após o nascimento. Todos aqueles irritantes estudos indicando que fumar = doença = morte o deixam sem fôlego (desculpem-me o trocadilho), e ele os rejeita. No entanto, ele não é imune

---

* No original, *the slings and arrows of fortune*. Aparentemente, a autora cita parte da famosa fala de Hamlet na cena 1 do ato 3 de *A Tragédia de Hamlet, Príncipe da Dinamarca*, de Shakespeare: "*To be, or not to be: that is the question: Whether 'tis nobler in the mind to suffer The slings and arrows of outrageous fortune, Or to take arms against a sea of troubles...*" ("Ser ou não ser... eis a questão. Que é mais nobre para a alma: suportar os dardos e arremessos do fado sempre adverso, ou armar-se contra um mar de desventuras..." — da tradução em português disponível em http://www.dominiopublico.gov.br/pesquisa/DetalheObra Form.do?-select_action=&co_obra=2338) (N.T.)

aos encantos das descobertas científicas quando convém. Por exemplo, ele nunca deixa de me encorajar a trocar a garrafa de água por uma bela e saudável taça de vinho tinto. Em um estudo experimental deste fenômeno, conhecido como ceticismo induzido, pessoas foram solicitadas a ler um artigo que demonstrava os riscos para a saúde de mulheres (mas não de homens) que bebem café em excesso.[22] Homens e mulheres que não bebiam café ou bebiam pouco acharam o artigo convincente. Nenhum prêmio será dado a quem adivinhar que grupo achou que a relação entre cafeína e doença era inconvincente.

Cérebros presunçosos relutam em aceitar indicações de suscetibilidade física, mesmo quando estas os encaram bem de frente. Em uma outra demonstração de incredulidade autoprotetora, a alguns voluntários foi apresentada uma doença fictícia chamada deficiência de tiamina-acetílase (deficiência de TAA).[23] Os voluntários foram informados de forma categórica de que, com a idade, os portadores da deficiência de TAA se tornavam "mais ou menos suscetíveis a uma variedade de desordens do pâncreas". A seguir, um por um, foram levados a uma sala reservada (será que era mesmo?) para testar se seriam portadores da deficiência; para isto, cada um devia molhar uma fita-teste de papel (*será* mesmo?) em uma amostra de saliva. A uma parte dos voluntários foi dito que, se os níveis de TAA fossem normais, a fita permaneceria amarela. Estes eram os felizardos. Aos outros foi dito que, se os níveis de TAA fossem normais, a cor da fita mudaria para verde escuro. Estes eram os azarados. A fita-teste, feita de papel amarelo comum, jamais mudaria de cor, independentemente da quantidade de saliva.

Os voluntários azarados, aqueles que "não passaram" no teste de reação de saliva, exibiram um otimismo resoluto em relação aos riscos da deficiência de TAA. Eles consideraram que tanto a deficiência de TAA como as doenças do pâncreas eram de risco muito menor e muito mais comuns que aqueles que "passaram" no teste. Os voluntários reprovados também consideraram que o teste de reação de saliva tinha menor precisão. O comportamento destes voluntários era ainda mais defensivo enquanto se submetiam ao teste de saliva. Obviamente, os pesquisadores os espiavam escondidos durante o teste. Todos foram informados de que a mudança de cor da fita-teste levava de dez a sessenta segundos, mas que, em geral, se dava em vinte segundos. Eles foram instruídos a colocar a fita em um envelope assim que o teste tivesse terminado. Os voluntários supostamente portadores da deficiência levaram, em comparação com os outros, mais tempo para fazer isso, dando a suas fitas amarelas generosos trinta ou mais segundos adicionais para que mudassem de cor. Mais que isso, para ajudar suas obstinadas fitas, a maioria dos reprovados fez uso de uma espécie de repetição ilícita do teste. Algumas pessoas usaram novas amostras de saliva. Outras repetiram o teste com uma nova fita. Algumas puseram a fita direto sobre a língua. As fitas foram sacudidas, sopradas, esfregadas e saturadas com grandes volumes de saliva. Esses voluntários azarados não gostaram do diagnóstico e buscaram uma segunda, terceira e quarta opiniões sobre a questão.

Cérebros presunçosos podem, até mesmo, fazer com que, de maneira inconsciente, manipulemos o resultado de um diagnóstico médico para torná-lo mais aceitável. Para evidenciar isso, um grupo de voluntários foi convidado para imergir seus antebraços em uma tina de água gelada (sim, doloroso) e mantê-los lá pelo tempo que suportassem.[24] Eles deviam fazer isso antes e depois de exercícios físicos. A alguns foi dito que, se conseguissem manter o braço na água gelada por mais tempo *após* os exercícios, seria um sinal de longa expectativa de vida. Aos outros foi dito o oposto. Embora não estivessem cientes de que agiam assim, após os exercícios os voluntários alteraram a tolerância à água fria de acordo com a informação que receberam sobre uma expectativa de vida longa e saudável. Obviamente, a manipulação da tolerância desta forma em nada alteraria a real expectativa de vida, mas isso não é o que realmente importa a um cérebro presunçoso.

As lentes róseas, através das quais filtramos qualquer informação sobre nossa saúde, podem também empurrar nosso repúdio até um horizonte mais distante. Apesar de nos defrontarmos com estimativas cuidadosamente calculadas para nossa data de partida, avaliamos, de modo displicente, que viveremos cerca de dez anos mais do que previsto por meras estatísticas.[25] Há pouco tempo, deparei-me com um site na internet que, com base em algumas informações pertinentes, fornecia a provável data de morte de uma pessoa. (Para aqueles que têm um interesse mórbido ou a necessidade de fazer planos de muito longo prazo, o tal site é www.deathclock.com.) Com a ajuda desse site, fiquei sabendo que irei morrer no dia 10 de maio de 2054, um domingo, com 79 anos de idade. "Isso parece muito jovem", pensei, e, imediatamente, dei a mim própria mais uns — digamos — dez anos, em especial com base no fato de que, há muito tempo, passei a não mais comer salsichas, um produto que com toda a certeza prejudica em muito a longevidade. De fato, parece que, sempre que olhamos para o futuro, tomamos o cuidado de fazê-lo sempre através de lentes róseas. Quem, no altar de casamento, pensa "Cinqüenta por cento de chances de que isto dê certo — se Deus quiser"? Talvez, a maior parte dos convidados, mas não a noiva ou o noivo. Lembram-se da estudante católica que desenvolveu teorias para explicar por que ela talvez fosse ser bem-sucedida na faculdade de medicina? Naquele estudo, pesquisadores mostraram que as pessoas usam o mesmo tipo de especulação em proveito próprio para se convencerem de que *seus* casamentos darão certo.[26]

A auto-ilusão não cessa com nossa rejeição da possibilidade de ocorrência de problemas. Também temos um inflado senso de controle sobre o que está por vir. Consideremos, por exemplo, a tarefa em que voluntários devem tentar acender uma lâmpada apertando um botão.[27] Eles foram informados de que o botão pode controlar a lâmpada; na verdade, a lâmpada acende ou não de forma aleatória, e seu acendimento é completamente desvinculado do que o voluntário faz com o botão. Embora os voluntários não tenham qualquer controle sobre o acendimento da lâmpada, sua percepção é muito diferente. Eles experimentam uma ilusão de controle, como é conhecido, e afirmam ter influência sobre o fato de a lâmpada acender. Como objetos de vaidade adicional, as pessoas avaliam seu controle pessoal com grau mais elevado se a lâmpada se acende com mais freqüência. Em outras palavras, quando o resultado nos é favorável, somos ainda mais suscetíveis à impressão auto-elogiosa de que somos responsáveis pelo rumo que as coisas tomaram.

Em situações em que um pouco de onipotência poderia ser em especial útil, também sucumbimos mais rapidamente a um falso sentido de influência. Se um hambúrguer for oferecido como prêmio em um sorteio de cartas de baralho, voluntários famintos convencerão a si próprios, com otimismo, que exercem uma influência maior sobre o resultado do que pensarão aqueles que já tenham se alimentado.[28] Situações desesperadas clamam por ilusões desesperadas. Nos cansativos meses sem dormir que se seguiram ao nascimento de nosso segundo filho, estava convencida de que eu, e somente eu, sabia qual era a melhor e mais rápida maneira de fazer o bebê voltar a dormir. "Não, *não*!", repreendi meu marido uma tarde, ao bisbilhotar sua tentativa de ajeitar o bebê para tirar uma soneca. "Você deve sentá-lo em seu colo, com as costas voltadas para a esquerda, e cantarolar *Humpty Dumpty** enquanto acaricia sua testa com o polegar. Esta é a única coisa que funciona de verdade."

"Não admira que você demore tanto tempo para fazê-lo dormir", replicou meu marido, com um desdém piedoso, "pois ele adora que se ande com ele, para lá e para cá, entre o berço e a janela, com um suave balanço vertical. Você se importaria de ajeitar a persiana ao sair? Ela deve ser levantada a exatamente seis centímetros acima do parapeito."

Quando se trata de bebês, uma ilusão de controle é o melhor que se pode esperar.

A presunção que exibimos em nosso modo de pensar sobre o futuro vai ainda mais longe do que os cálculos auto-amplificadores de nossos próprios poder e perspectivas.

---

* Tradicional cantiga infantil dos países de língua inglesa, que tem como personagem um ovo antropomorfo. A imagem de Humpty Dumpty se tornou famosa com as ilustrações que aparecem no livro *Alice através do espelho*, de Lewis Carroll. (N.T.)

Também somos superconfiantes de que nossos partidos políticos ou equipes esportivas favoritos serão vitoriosos. Perguntemos a um grupo de pessoas quem *pensam* que ganhará uma eleição próxima e, então, as separemos de acordo com quem elas *esperam* que ganhe (republicanos e democratas, digamos); observaremos algo muito curioso. Os republicanos serão significativamente mais esperançosos em relação às chances do Partido Republicano do que os democratas, e vice-versa. Quanto mais ardentemente alguém deseja que seu partido ganhe, maior é o grau dado às chances de vitória daquele partido.[29]

De onde vem essa eterna esperança? O advogado inescrupuloso pode ter um papel nisso, escondendo ou distorcendo informação indesejável. No entanto, nem mesmo promessas de prêmios em dinheiro para profecias precisas — que, certamente, serviriam para contrabalançar nossa predisposição para sermos irrealistas — podem nos livrar de nossas confiantes expectativas. O mesmo ocorre nos estádios. Até mesmo nas cabines de apostas, onde as pessoas bancam seus lances com o dinheiro ganho arduamente, o julgamento é levado pelo desejo.[30] Outra possível explicação para nossa desmedida convicção é que somos tentados à complacência por nossas companhias; se todos que você conhece são democratas, as chances de vitória podem começar a parecer mais plausíveis do que na realidade o são.[31] Entretanto, isso pode não ser tudo. Mesmo as pessoas que dispõem da mais recente informação sobre a eleição são suscetíveis ao efeito do pensamento movido pelo desejo.[32]

Pensamos que as coisas serão de uma determinada forma, apenas porque preferiríamos que assim fossem, sugerem os pesquisadores. Este fato ficou muito claro em um estudo de laboratório sobre pensamento movido pelo desejo, no qual os pesquisadores distribuíram, de forma aleatória, estudantes universitários em duas equipes e fizeram com que uma enfrentasse a outra em uma competição de arremesso de dardos.[33] Enquanto um integrante de cada equipe se postava em posição de arremesso, com um dardo na mão, todos os outros anotavam uma previsão de qual dos dois atiraria o dardo mais próximo da mosca — o colega de equipe ou o rival. A seguir, outros dois competidores se posicionavam para o arremesso. Suas chances eram avaliadas pelos demais participantes, e assim por diante, até que todos tivessem atirado um dardo.

Embora as equipes tivessem sido montadas de forma casual, a chama do sentimento de companheirismo foi, mesmo assim, acesa. Quando inquiridos, os estudantes confessaram um desejo de que sua própria equipe triunfasse. E, de acordo com seus desejos, cada equipe avaliou que ela própria tinha mais chance de prevalecer sobre a adversária. Além disso, quase todos os estudantes tinham certeza de que suas predições sobre qual das duas equipes venceria não eram afetadas por seus ardentes desejos pela vitória da própria equipe. Contudo, o que, além da esperança de que estariam na equipe vencedora, poderia polarizar seus julgamentos? De fato, quando o pesquisador examinou os dados com cuidado, descobriu que, quanto maior o anseio, maior a convicção. A esperança brota eternamente da esperança, é o que parece.

À MEDIDA QUE NOS aproximamos do fim deste capítulo, duas conclusões morais podem ser tiradas. Primeira: jamais acredite em um psicólogo social. Segunda: jamais acredite em seu cérebro. Ambos manipulam sua percepção da realidade e o levam a vaidades embaraçadoras. (No caso do psicólogo social, tais vaidades são permanentemente registradas, de modo que outros profissionais possam se entreter com elas. Assim, talvez você deva acreditar ainda menos em psicólogos sociais do que em seu cérebro.) Entretanto, não fique muito zangado com seu cérebro por protegê-lo da verdade. Contudo, existe uma categoria de pessoas que chegam incomumente próximo da verdade sobre elas próprias e sobre o mundo. A autopercepção destas pessoas é mais balanceada; elas distribuem responsabilidades pelo sucesso ou fracasso de forma mais equilibrada, e suas predições para o futuro são mais realistas. Essas pessoas, testemunho vivo dos riscos do autoconhecimento, são as que sofrem de depressão clínica.[34]

O psicólogo Martin Seligman e colegas identificaram um estilo de justificativa pessimista que é comum em pessoas deprimidas.[35] Quando pessimistas fracassam, culpam a si próprios e pensam que a falha reside neles ("Eu sou estúpido", "Eu sou inútil"), que durará eternamente e afetará tudo o mais que fizerem. Esta atitude é bastante diferente do tipo de justificativas que as pessoas felizes e que vêem o proveito próprio dão para o fracasso.

Mais que isso, está se tornando bastante difundido que o pessimismo pode fazer mal tanto para sua saúde física como para sua saúde mental. Para calcular quantos anos serão cortados de sua expectativa de vida, o relógio da morte (www.deathclock.com) faz apenas quatro perguntas. Você é homem? Fuma? É obeso? E você é pessimista? Você pode se surpreender ao ver sua disposição pessoal listada como um fator de risco, ao lado de sexo, tabagismo e obesidade, mas a pesquisa parece sustentar o direito de ela estar entre os Quatro Grandes. Em um notável estudo do efeito da perspectiva mental sobre a longevidade, pesquisadores analisaram breves autobiografias escritas há mais de 70 anos por freiras norte-americanas às vésperas de fazerem os votos perpétuos.[36] Os pesquisadores escrutaram as passagens, contando a periodicidade com que as freiras expressavam uma emoção positiva. Para cada freira, isso resultou no que alguém poderia (tendo, um tanto quanto ironicamente, em vista a alegre heroína de *A noviça rebelde*) chamar de "grau de Maria". A seguir, verificaram se a perspectiva emocional de cada freira estava relacionada à duração de sua vida. A estatística mostrou que, quanto mais alegre fosse a descrição autobiográfica de uma freira, mais longa seria sua estadia neste plano terreno antes de ser chamada ao império celestial. Na verdade, as freiras joviais viveram, em média, quase uma década a mais que suas irmãs mais sombrias.[37]

De fato, uma perspectiva do tipo da de Maria pode ser justamente a saída quando o cachorro morde ou a abelha pica. Diante de uma adversidade, pensar em gotas de chuvas caindo sobre rosas e nos bigodes do gatinho pode ajudar a reduzir os maléficos efeitos cardiovasculares da tristeza.[38] O alegre poliamismo* dos otimistas é acompanhado, em seus sistemas imunológicos, de uma similar atitude de posso-fazer.[39] Otimistas fazem um número menor de consultas a médicos, têm maiores chances de sobreviver a um câncer, são menos propensos a sofrer de doenças cardíacas recorrentes e têm menor probabi-

---

* *Pollyannaism*, no original. A autora se refere ao caráter de Pollyanna, personagem do célebre livro infantil homônimo de Eleanor H. Porter, que, órfã de pai e mãe, vive inúmeras dificuldades, mas é capaz de ficar feliz até nos piores momentos, mantendo um otimismo inabalável. (N.T.)

lidade de morrer de modo prematuro.[40] Mercadores de melancolia podem achar difícil o cultivo de perspectivas mais alegres, considerando estes dados, mas, sem dúvida, vale a pena tentar.

Embora nosso bem-estar emocional e físico pareça se beneficiar de uma cuidadosa filtragem das cruéis luzes da realidade, qual é o preço a ser pago por essa viseira? (Isto é, exceto o pequeno detalhe de o nosso autoconhecimento se tornar pouco mais que uma agradável ficção.) Com certeza, o otimismo cego pode, algumas vezes, nos deixar perdidos. Nossa tendência em proveito próprio de culpar qualquer coisa e qualquer um, exceto nós mesmos, por erros de nosso passado pode condenar-nos a repeti-los. Esta foi a desanimadora conclusão de um estudo que solicitou a estudantes universitários que predissessem quando completariam uma tarefa que haviam acabado de receber.[41] Como todos já fizemos em diversas ocasiões, os estudantes subestimaram em muito o tempo que levariam. Nada ameaça esta confiança imoderada, nem mesmo pedindo aos estudantes que refletissem sobre fracassos anteriores em completar tarefas semelhantes no tempo que eles próprios alocaram. Os estudantes apenas descartaram aqueles fiascos como irrelevantes; tarefas passadas ficaram atrasadas por conta de obstáculos bizarros que, sem dúvida, jamais voltariam a ocorrer.

Essa falácia de planejamento, como é conhecida, nos é familiar: desde o trabalho que levamos para casa e permanece intocado na pasta todo o fim de semana aos atrasos de anos de duração para completar projetos locais de construção, que levam empreiteiros e autoridades municipais a ingerir seus comprimidos para pressão alta.

Não apenas tempo é dinheiro, mas podemos estar sendo obrigados a pagar diretamente pela habilidade do cérebro presunçoso. Enquanto embolsam seus lucros, contadores e cassinos deveriam agradecer de coração o fenômeno do pensamento motivado pelo desejo. E, caso seu salário dependa de sua habilidade em predizer o futuro, uma ilusão de controle pode se tornar um luxo psicológico muito caro. Pesquisadores convidaram uma centena de corretores de bancos de investimentos a jogar uma versão computadorizada da tarefa "aperte o botão e torça para que a lâmpada se acenda" para o mercado financeiro.[42] Em vez de tentar acender uma lâmpada, eles deveriam tentar elevar o valor de um índice. Depois, os corretores preenchiam questionários a respeito do jogo, que revelavam quão prontamente haviam sido seduzidos pela crença errônea de que poderiam controlar alterações no valor do índice. É interessante notar que as estatísticas mostraram que, quanto mais arrogante fosse o corretor em relação à sua influência sobre a tarefa computacional, menos ele ganharia na negociação. De acordo com as análises dos pesquisadores, corretores com um alto grau na escala de ilusão de controle ganharam cerca de cem mil dólares por ano menos que aqueles que receberam apenas um grau mediano.[43]

Sem dúvida, nossas expectativas irrealistas e nossa relutância em admitir nossas fraquezas e limites irão, algumas vezes, nos derrubar. Entretanto, o cérebro tem uma útil estratégia pronta para minimizar tais percalços. Quando nos deparamos com a necessidade de fazer uma escolha vemos, na verdade, a nós mesmos e à vida de uma forma inusitadamente realista enquanto contemplamos o futuro com serenidade. Voluntários solicitados a ponderar uma decisão que ainda irão tomar (sair de férias, por exemplo, ou terminar um relacionamento) se mostraram menos magnificentes em relação a eles próprios, mais pensativos, mais sintonizados aos riscos da vida e menos suscetíveis à ilusão de onipotência que outros voluntários que não foram induzidos a esse estado de espírito contemplativo.[44] Talvez seja essa "janela de realismo", como os pesquisadores a chamaram, que evita que nossas aspirações se tornem fantasiosas em demasia, nossos esforços absurdos por demais.

Entretanto, uma vez que uma decisão é tomada, a janela de realismo se fecha de modo súbito e mais firme que antes. Voluntários solicitados a ponderar uma decisão que já houvessem tomado se mostraram ainda mais esperançosos a respeito de si mesmos e de suas perspectivas que o normal. E há uma boa razão para que o cérebro presunçoso engate uma marcha mais veloz assim que estejamos prontos para colocar nossos planos em ação.[45] O desavergonhado e imodesto grito do cérebro presunçoso — "Sim! Eu posso fazer isso! (E, se eu não puder, é por culpa de outro...)" — é como um trampolim psíquico. Lança você para cima, mas provê uma aterrissagem suave caso você caia muito rápido. Os truques do cérebro presunçoso permitem que você persiga suas ambições e, ao mesmo tempo, mantêm seu ego protegido do perigo. Na autodesvantagem, as pessoas protegem sua auto-estima fornecendo antecipadamente a si próprias uma razão não ameaçadora para o fraco desempenho e ganham um benefício extra com essa estratégia. Ao protegerem seus delicados egos de um possível fracasso, podem tentar qualquer coisa na segurança de saberem que têm uma desculpa à mão, caso as coisas dêem errado. Algumas pessoas que como hábito protegem seu orgulho dessa forma tiveram uma oportunidade de exercitar a autodesvantagem antes de jogarem em uma máquina de *pinball*.[46] Ao permitir que os voluntários decidissem por quanto tempo queriam treinar, os pesquisadores perceberam como a autodesvantagem (ao treinar pouco) deu aos voluntários a margem psicológica que precisavam para desfrutar o jogo de *pinball* e nele persistir, mesmo quando foram informados de que não eram muito bons.

Desculpas por aspirações não realizadas que sejam benévolas para com o ego também são inestimáveis na sala de aula. Alunos que não se saem bem em leitura ou matemática, quando estimulados a culpar a falta de esforço — em vez da falta de habilidade — pelas dificuldades, mostram notáveis ganhos tanto de persistência como de realização.[47] Convencer a si próprio de que o sol *brilhará* amanhã — de que os empecilhos de hoje são apenas temporários e nada têm a ver com quaisquer deficiências pessoais — dá força para você perseverar em seus objetivos. Alguns estudantes universitários do primeiro ano que se preocupavam com suas notas baixas foram instigados, por pesquisadores, a pensar que suas notas melhorariam naturalmente após o primeiro semestre.[48] Em uma espetacular demonstração de profecia auto-realizadora, esses estudantes de fato obtiveram melhores notas (tanto uma semana como um ano mais tarde) e apresentaram menor probabilidade de desistência, em comparação com outros estudantes também preocupados, mas que não foram persuadidos a ser otimistas em relação ao futuro.

Portanto, temos muitas razões para sermos agradecidos ao cérebro por seu cuidadoso esticamento da verdade. De fato, sem nossos cérebros presunçosos, será que nos daríamos ao trabalho de sair da cama de manhã? Um último e glorioso motivo para você agradecer ao seu cérebro pelas pequenas mentiras é que ele torna a própria vida suportável. De acordo com a sensacionalmente denominada "teoria de gerenciamento do pavor", desenvolvida por um psicólogo que se regozija com o sobrenome de Pyszczynski,[49] um cérebro saudável é "um escudo protetor, projetado para controlar o potencial de pavor que resulta da consciência da horripilante possibilidade de que nós, humanos, somos meros animais efêmeros, tateando para sobreviver em um universo sem sentido, destinados apenas à morte e à decadência". Tenho certeza de que você concordará que, se algumas ilusões positivas podem manter distantes os pensamentos perturbadores de que, na verdade, você não tem mais significância no universo do que, como Pyszczynski diz cruelmente, "qualquer espécime de batata, abacaxi ou porco-espinho", então todos temos uma grande dívida de gratidão com nossos cérebros presunçosos.

Contudo, terminemos com uma nota confortante: embora, no grande esquema de coisas, você possa não ter mais significância que um porco-espinho, provavelmente é um motorista melhor que ele.

CAPÍTULO 2

O Cérebro Emocional

Dedos suados em todos os bolos

MEU FILHO DE TREZE MESES chora como se fosse morrer de tristeza. Ele soluça com todo o corpo e sei que, em poucos segundos, assumirá o que meu marido e eu chamamos pose de tragédia. Sem dúvida, logo ele desaba no chão e bate ruidosamente com a testa no tapete. Eu tenho em minhas mãos o cúmplice do ato que extinguiu toda a alegria da existência de meu filho. Esse objeto e eu, juntos, não deixamos meu pequeno filho outro curso de ação que não se entregar de corpo e alma a uma tristeza sem fim e encharcar o tapete. Luto dolorosamente, mas com sucesso, contra um ímpeto de arruinar para sempre o caráter de meu filho devolvendo este objeto, do qual, me parece, depende toda a sua felicidade. Trata-se de uma caneta esferográfica.

Por acaso, sei como alguém se sente quando lhe tiram canetas esferográficas. Meu marido, como parte de seu sistema de alocação de canetas, posicionou de maneira estratégica canetas em três importantes locais para tomar notas na casa: presa ao calendário, junto ao telefone e na bolsa de viagem. De acordo com o sistema, essas canetas deveriam apenas ser removidas de seus postos para ser usadas, respectivamente, para marcar eventos no calendário, anotar recados telefônicos e preencher documentos associados a viagens. Meu marido é muito rígido na aplicação dessa regra, e qualquer caneta encontrada em uso para um propósito diferente do estabelecido é logo recolocada em seu posto.

Embora seja irritante ter um instrumento de escrita removido no meio de uma palavra, eu não sinto a perda de maneira tão intensa como meu filho. Graças ao meu córtex pré-frontal. O simples borrão de células cerebrais no nascimento necessita de vinte ou mais anos completos de vida para atingir toda a sua plenitude e se tornar o sargento-mor do cérebro adulto. Uma das muitas tarefas do córtex pré-frontal é regular as respostas emocionais das regiões menos civilizadas do cérebro; por isso, esta coisa é tão útil para se ter. Enquanto completava meu doutorado, estudei um homem que tinha danificado parte do córtex pré-frontal em um acidente de carro. Como tinha um pequeno problema de humor (ele gostava que uma faca cega falasse por ele), foi transferido para um hospital psiquiátrico de segurança máxima, para o bem de todos. Cometi o equívoco de ler as anotações sobre o caso dele um pouco antes de conhecê-lo e me senti muito nervosa em relação a como nos sairíamos. Infelizmente, quando estou ansiosa, as palmas de minhas mãos ficam muito suadas. Quando apertei a mão do paciente, ele rapidamente tirou a sua, com uma expressão de profundo nojo, e a enxugou ostensivamente nas calças.

"Meu Deus!", ele comentou com meu supervisor, que estava desfrutando cada momento. "É como apertar a mão de um hadoque molhado."

Caso seu córtex pré-frontal estivesse intacto e trabalhando, não tenho dúvida de que ele guardaria esse comentário.

Não há a menor dúvida de que, em comparação com a criança pequena ou com o desinibido paciente de cérebro danificado, exibimos um controle verdadeiramente autoritário sobre nossas emoções. No entanto, nossas emoções e humores desfrutam um impressionante domínio sobre nós. Pode parecer, enquanto estamos ocupados com nossas vidas — decidindo que ações são as melhores para o futuro, voltando nossos olhos para julgar as pessoas e eventos à nossa volta ou refletindo sobre o passado — que fazemos bom uso de nossos singularmente humanos poderes de racionalidade. Entretanto, pesquisadores sugerem que, com freqüência, nossas emoções é que estão no comando. Os dedos suados de nossa emoção mexem com nosso mundo psicológico, em todos os níveis: desde a questão aparentemente simples do que percebemos no mundo à nossa volta até o rico e complexo senso de hombridade no mundo dentro de nós.

DE MANEIRA DIFERENTE DE UMA VACA, digamos, cujas opções de ação se reduzem a pastar neste ou naquele pequeno pedaço de grama, nós, humanos, temos de tomar algumas decisões labirínticas em nossas vidas. Um dos temas mais atuais em psicologia é o poder que nossas emoções exercem sobre nossas escolhas — mesmo aquelas que somos tentados a pensar que exigem cálculos e calibrações intelectuais. O experimento que despertou esse interesse no poder dos sentimentos utilizava um jogo de aposta como uma simulação de laboratório da complexa e incerta mistura de riscos e benefícios que resulta de nossas escolhas diárias. Os pesquisadores solicitaram que voluntários selecionassem, repetidamente, cartas de quatro baralhos à sua frente.[1] A eles não foi dada muita informação a respeito dos baralhos, mas apenas que alguns funcionavam melhor que outros. Quando viravam uma carta, ficavam sabendo se tinham ganhado ou perdido pontos. Dois dos baralhos davam ganhos elevados, mas, às vezes, provocavam grandes perdas de pontos. Isto significava que, em média, esses baralhos deviam ser evitados. Os outros dois baralhos eram, na verdade, mais proveitosos no longo prazo, pois ofereciam menos rodadas de ganhos deslumbrantes e menos perdas devastadoras de pontos. Enquanto os voluntários jogavam, os pesquisadores monitoravam suas respostas emocionais medindo a resposta de condutância cutânea dos voluntários — uma forma educada de se referir à quantidade de suor de uma pessoa. (O equipamento de condutância cutânea mede a condutividade elétrica da pele, que é afetada pelo sal contido no suor.)

O padrão de ganho e perda era muito complicado para que os voluntários avaliassem quais baralhos eram os melhores. Contudo, ao final do experimento, quase todos selecionavam cartas dos baralhos vencedores. Eles haviam desenvolvido uma intuição a respeito dos baralhos que deviam ser evitados. Por si só, isso não é particularmente notável, mas o que era um pouco assustador era que os dedos suados dos voluntários pareciam avaliar quais baralhos evitar antes que eles o fizessem. No estágio pré-intuição, enquanto ainda escolhiam cartas ao acaso, suas respostas de condutância cutânea elevavam-se rapidamente antes mesmo que escolhessem uma carta de um baralho perdedor. Apenas *depois* que os voluntários começaram a mostrar tais choques emocionais de advertência é que desenvolveram a intuição de que deveriam evitar aqueles baralhos.

A autoridade que essa intuição tem sobre nosso comportamento se tornou clara quando pesquisadores deram o mesmo jogo de aposta para o paciente com parte do córtex pré-frontal (lóbulo pré-frontal ventromedial) danificada. Esse homem, conhecido como EVR, havia sido um feliz e bem-sucedido homem de negócios, marido e pai, até que um tumor cerebral se desenvolveu em parte de seu córtex pré-frontal e precisou ser removido. Logo depois, a vida profissional e pessoal de EVR foi de mal a pior, por causa de uma extraordinária inabilidade de tomar decisões.[2] A mais simples das compras — que barbeador comprar? Que marca de xampu? — exigia exaustivas comparações de preço e qualidade. Alguém podia morrer de fome esperando que ele decidisse em que restaurante comer. Ele começaria com uma esgotante discussão da disposição de mesas em cada restaurante, detalhes do menu, atmosfera, gerência. A seguir, começaria o trabalho de campo, na forma de rápidas inspeções para ver quão movimentado cada restaurante estava. Mesmo após toda essa pesquisa, EVR achava impossível fazer uma escolha. A vacilação patológica de EVR consumia tanto tempo que resultou em tensão terminal tanto em seu casamento como em seu emprego. E, quando conseguia tomar decisões, em geral eram decisões ruins. Apesar de numerosos avisos de outras pessoas de que estava cometendo um terrível equívoco, esse anteriormente sagaz homem de negócios investiu toda a sua poupança em um empreendimento de construção de casas com um sócio de duvidosas credenciais comerciais e morais, e foi à falência.

O que era tão incomum a respeito da condição de EVR — e que tanto dificultava entender por que sua vida pós-cirurgia havia se tornado desastrosa — era que seu intelecto não foi, de qualquer forma, afetado pela lesão cerebral. Os pesquisadores que o estudavam conversavam com ele por horas sobre assuntos atuais, política e ética; invariavelmente, ficavam impressionados com sua inteligência e conhecimento. Eles também o questionavam a respeito de hipotéticos dilemas sociais, perguntando o que uma pessoa podia ou devia fazer em delicadas situações sociais. EVR não tinha dificuldade em produzir uma variedade de soluções razoáveis para esses problemas, embora, como admitiu alegremente, não tivesse a mínima idéia do que fazer caso ele próprio se deparasse com aquelas situações.[3]

Na verdade, em parte, foi esse estranho descaso em relação a seus problemas que despertou a suspeita dos pesquisadores de que a deficiência de EVR poderia ser emocional. Nada parecia tocá-lo emocionalmente, e isso foi confirmado por um experimento, que mostrou que EVR (e outros pacientes como ele) não exibia o aumento normal de condutância cutânea diante de imagens emocionalmente carregadas (como cenas de massacre, mutilação e nudez).[4] Será que esta deficiência emocional estava por trás da debilitante incapacidade de EVR para tomar decisões? Os pesquisadores investigaram esta hipótese usando o jogo de aposta, monitorando as respostas da condutância cutânea de EVR e de outros pacientes similares enquanto jogavam. No jogo, como na vida, os pacientes tomavam decisões ruins, nunca aprendiam a evitar os maus baralhos, apesar de a metade dos pacientes ter conseguido entender que os baralhos que escolhiam iriam derrubá-los.[5]

Por que os pacientes não conseguiam "solucionar" a tarefa de apostar? De modo contrário dos voluntários sem lesão cerebral, que exibiam um pico de condutância cutânea imediatamente antes de escolherem uma carta de um dos maus baralhos, até mesmo antes que começassem a suspeitar que aqueles baralhos deviam ser evitados de maneira consciente, os pacientes não mostraram qualquer sinal de desenvolvimento desse tipo de conhecimento emocional. A conclusão mais tentadora a tirar é que essas etiquetas emocionais (ou marcadores somáticos, como os pesquisadores as chamam) guiam nossa tomada de decisão. Sem essas etiquetas emocionais, nem mesmo o mais enciclopédico conhecimento ou o mais poderoso intelecto pode nos ajudar a pegar um frasco de xampu na prateleira do supermercado.

A indecisa e caótica vida de EVR demonstra claramente o quanto ficamos incapacitados quando não podemos dispor de nossas emoções como dados de entrada enquanto ponderamos nossas opiniões. Contudo, usar as emoções como informação tem seu próprio risco — o perigo de considerar erroneamente a causa dessas emoções. Se atribuirmos nossa emoção a uma fonte errada, pensando que existe alguma outra origem em vez daquela que realmente causa nosso ataque de sentimento, esse erro pode se propagar para nossos julgamentos e opiniões. Pesquisadores sugerem que isso pode ser mais comum do que imaginamos.

O problema é que nossos corpos parecem produzir uma resposta emocional de tamanho único. Por muito tempo, alguns psicólogos tiveram dificuldade em aceitar a idéia de que nossos corações batem exatamente da mesma forma, quer estejamos fazendo uma prova, tenhamos acabado de ganhar na loteria ou estejamos correndo para pegar um ônibus.[6] Esses obstinados psicólogos esforçaram-se em suas tentativas para mostrar que o corpo responde de forma diferente a emoções diferentes. E não economizaram a quantidade de trauma psicológico imposta aos voluntários ao longo do caminho. (Isto foi antes do conceito de ética na pesquisa, na era de ouro da psicologia, quando era possível lançar um inocente voluntário nos espasmos de uma emoção poderosamente aflitiva e, depois, dar uma boa risada.) Por exemplo, um pesquisador com o sugestivo e agourento nome de Ax* solicitou que voluntários se deitassem em uma cama de hospital.[7] A seguir, amarrou-os com um complicado emaranhado de eletrodos e fios e mandou-os relaxar. Assim que estivessem tranqüilos e confortáveis, começaram a sentir choques elétricos nos dedos mínimos. Quando comentaram com o pesquisador, ele fingiu surpresa e mexeu em alguns botões. Alguns momentos mais tarde, faíscas começaram a sair dos fios, e o pesquisador em pânico, com o jaleco voando, exclamou que havia um perigoso curto-circuito de alta tensão. Os voluntários permaneceram deitados, aguardando a eletrocução fatal, por cerca de cinco minutos, enquanto o pesquisador andava para lá e para cá, criando "uma atmosfera de alarme e confusão", até, por fim, anunciar que o curto-circuito havia sido reparado e o perigo, passado.

* A autora faz um trocadilho com o nome do pesquisador: se traduzido ao português, seria Machado. (N.T.)

Não há dúvida de que os voluntários de Ax estavam genuinamente apavorados. Depois, um voluntário comentou: "Bem, todos têm de ir algum dia. Pensei que aquela era minha hora." Outro orou para que Deus o livrasse da morte. Contudo, apesar do admirável sucesso de Ax e de outros em induzir os voluntários a emoções de revirar o estômago, tudo foi em vão. Eles não conseguiram descobrir quaisquer diferenças interessantes entre a psicologia da pessoa que treme de pavor e questiona se sua razão está em ordem e a da pessoa prestes a, digamos, cair morta de raiva. São os pensamentos que acompanham o despertar de nossas emoções que nos permitem distinguir entre uma emoção e outra. Não há muito mistério nas emoções humanas. Tudo que precisamos saber é uma simples equação:[8]

EMOÇÃO = DESPERTAR + PENSAMENTOS EMOTIVOS

Como o despertar é o mesmo, independentemente da emoção (varia apenas em intensidade), o trabalho do cérebro é casar o despertar com os pensamentos corretos. Na verdade, em se tratando de emoções, o cérebro parece um pouco com um assistente de lavanderia casando pares de meia apressadamente antes do horário do café. Quando você tem duas meias de cor azul brilhante e com o desenho de um cachorro, você não tem dificuldade em casá-las. (Meu cérebro teve pouca dificuldade em me casar — confinada em uma pequena sala com um paciente de lóbulo frontal perigosamente desinibido — com as palmas suadas de minhas mãos.) No entanto, quando se trata de casar todas aquelas meias comuns que diferem apenas ligeiramente no comprimento, estilo e nuanças de preto, as coisas ficam um pouco mais complicadas. E o cérebro não é tão cuidadoso assim. Em vez de um casamento perfeito, o cérebro se contenta em pegar qualquer meia preta velha que pareça ser a correta. A conseqüência disso é que atribuímos o despertar às coisas erradas.

Em um desses experimentos, pesquisadores solicitaram que três grupos de homens pedalassem uma bicicleta ergométrica por tempo suficiente para formar uma decente camada de suor.[9] A seguir, os voluntários receberam a árdua tarefa de assistir a um filme erótico e relatar seus níveis de excitação sexual. Um longo tempo após se recuperar do exercício, o primeiro grupo de homens assistiu ao filme e o classificou pela natureza sexualmente revigorante. Os cérebros dos homens não tiveram qualquer dificuldade, pois havia apenas duas meias a serem casadas: a excitação de ver mulheres nuas e os pensamentos sobre as mulheres nuas. O segundo grupo assistiu ao filme logo após o exercício. Seus cérebros também não foram enganados: casaram a excitação extra do exercício e a excitação vinda das mulheres nuas com os pensamentos sobre as mulheres nuas. O terceiro grupo viu o filme um pouco depois do exercício. Desta vez, embora os homens ainda estivessem fisicamente excitados pelo exercício, não tinham consciência disso. Eles haviam, assim por dizer, perdido uma meia. Isto significou que eles casaram com cautela a excitação do filme *e* a excitação do exercício na bicicleta com seus pensamentos sobre o filme. Como resultado, classificaram-se significativamente mais excitados pelo filme que os outros dois grupos. Seus cérebros emocionais os iludiram em relação a quão erótico acharam o filme. (Você pode querer ter em mente esse experimento na próxima vez que alguém flertar com você junto ao bebedouro da academia de ginástica: ele [ou ela] pode ter lido este livro.)

Na verdade, nossos cérebros emocionais têm uma variedade de juízos vulneráveis à influência de nossos humores. Quando você caminha pelo lado ensolarado da rua, parece que suas preocupações foram realmente deixadas na soleira da porta. A vida parece mais satisfatória, a morte implacável parece menos diligente, e até mesmo os políticos parecem menos ofensivos quando você está de bom humor.[10] Um acontecimento incrivelmente trivial pode tingir as lentes de nossos óculos dessa forma rósea. Em um clássico experimento, um pesquisador, espreitando em um shopping, se fez passar por representante de uma companhia e ofereceu a alguns consumidores (mas não a outros) um pequeno brinde para "apresentar-lhes os produtos da companhia".[11] Então, um segundo pesquisador, que se mantinha a uma pequena distância, solicitava-lhes (como parte de uma "pesquisa de mercado") que classificassem o desempenho de seus carros e televisores. O brinde era tão desejável como o conteúdo de uma máquina de goma de mascar. Contudo, deixava os consumidores que o receberam com um humor excelente, em comparação com os outros. Estes felizes consumidores — segurando seus recém-adquiridos cortadores de unha — classificavam seus carros e televisores de forma muito mais positiva do que aqueles sem o brinde. Em outro bem conhecido experimento, pesquisadores telefonavam para estudantes em um dia ensolarado ou em um dia chuvoso e perguntavam-lhes sobre sua felicidade atual e satisfação com a vida em geral; os estudantes contactados em dia de sol tinham melhor humor que os estudantes contactados enquanto chovia.[12] De acordo com o que já aprendemos, o humor influenciado pelo tempo afetou a satisfação dos estudantes com suas vidas: estudantes contactados em dias ensolarados estavam mais satisfeitos.

Até mesmo nossa percepção de algo tão fisicamente arraigado como a dor pode ser influenciada pela leveza do coração, e não apenas porque desviamos a atenção de nossos sintomas físicos. Devo confessar que, grávida pela segunda vez e lendo uma lista de técnicas de gerenciamento da dor para o parto, zombei em alto e bom som da sugestão de que pais expectantes deviam manter o quarto do bebê adocicado com o cheiro de óleos de aromaterapia. Contudo, pesquisadores sugerem que, mesmo quando estamos completamente focados em nosso desconforto corporal, a melhora de humor que resulta de um ambiente olfativo agradável pode reduzir o sofrimento. Voluntários foram solicitados a classificar a intensidade e desconforto da dor quando o calor era aplicado aos seus braços.[13] Ao mesmo tempo, a região nasal dos voluntários foi espargida com um cheiro agradável ou desagradável. A classificação dada pelos voluntários para a intensidade da dor não foi muito afetada pelo fato de inalarem uma essência agradável ou um fedor repugnante. Entretanto, seu humor se mostrou muito sensível ao aroma predominante. Com o espírito elevado por aragens fragrantes, eles consideraram a dor significativamente menos desagradável, em comparação com a experiência quando o odor não era agradável. (Apesar das conclusões desta experiência, ainda não ouvi uma mulher que tenha dado à luz há pouco tempo proferir estas palavras: "Sim, o parto foi bastante árduo... quer dizer, até que Darren acendeu as velas de aromaterapia.")

A tristeza tem efeito exatamente oposto sobre nossa visão do mundo à nossa volta. A vida parece mais arriscada, conflitos de relacionamento parecem ter maior contribuição nossa, e minorias raciais são menos gostáveis quando estamos de mau humor.[14] Psicólogos ainda lutam para descobrir com exatidão como e quando humores influenciam nossos juízos.[15] Entretanto, parece que, pelo menos em parte do tempo, nossos humores podem nos iludir da mesma forma que os despertares atribuídos a fontes erradas. Se não registramos por que estivemos de um determinado estado de humor, então, algumas vezes, usamos erroneamente aquela disposição de espírito para moldar nossas opiniões a respeito das coisas. Em um experimento, por telefone, estudantes foram inquiridos sobre suas vidas, em dias ensolarados ou em dias chuvosos; no início da entrevista, a alguns deles foi perguntado, casualmente: "Por falar nisso, como está o tempo aí?" Estes estudantes não deixaram seu atual estado de espírito colorir ou confundir seus juízos no que se referia aos sentimentos que tinham em relação à satisfação de vida. Recordados pelo entrevistador telefônico que seu humor era provavelmente devido ao tempo, estes estudantes devem ter considerado, de modo apropriado, que seu humor era irrelevante para a pergunta em questão.

É, sem dúvida, inquietante que nossas emoções e humores tenham tamanho impacto sobre nossos juízos. Entretanto, como mostra o experimento da pesquisa telefônica sobre sensibilidade ao tempo, às vezes podemos, ao menos, nos proteger das flutuações de nosso humor, desde que tenhamos ciência de estar sem nosso usual norte emocional. Contudo, os dedos intrometidos da emoção podem agir de modo ainda mais sub-reptício, atacando tão no início do processo de interpretação do que está à nossa volta, que não há menor esperança de resistência. As emoções têm a perigosa habilidade de afetar *o que* vivemos e não apenas como o interpretamos. Para verificar como até mesmo emoções leves influenciam a percepção, pesquisadores manipularam o estado de espírito de pessoas usando músicas alegres ou tristes e filmes.[16] Os voluntários assistiram a dois filmes com o rosto de um ator. Em um deles, o radiante sorriso do ator se desvanecia até que sua expressão fosse neutra. No outro, uma expressão melancólica se desvanece em neutralidade, quadro a quadro. A tarefa dos voluntários consistia em parar o filme no ponto onde achavam que a pessoa retratada deixava de estar alegre (ou triste). O humor artificialmente induzido dos voluntários teve um notável efeito na percepção que tinham da expressão facial do ator: voluntários alegres viam um sorriso que persistia mais tempo do que a expressão de tristeza. Entretanto, aos olhos dos voluntários melancólicos, a expressão facial que refletia seus próprios estados de espírito foi a que mais demorou a deixar a face do ator. O mundo pode não estar realmente rindo com você quando você ri; assim parece, graças às distorções do cérebro emocional. Nossas experiências emocionais são tão convincentes, tão reais e tão aparentemente objetivas, que é difícil reconhecer o furtivo papel desempenhado pelo cérebro na criação daquilo que vemos. Será que aquela expressão desagradável que você viu, clara como o dia, passar pelo rosto de seu cônjuge tem mais a ver com seu próprio esgotado estado de espírito do que com um arranjo temporário das feições faciais dele? Isto pode parecer difícil de acreditar, mas pesquisadores sugerem que os protestos de inocência de seu cônjuge podem ser verdadeiros.

Nossos sentimentos emocionais em relação a outras pessoas também podem inspirar o olho da mente a engajar-se livremente em sua licença artística. Existe prova empírica de que podemos ser quase literalmente cegados (ou, pelo menos, afetados com séria deficiência visual) por amor ou ódio; ou melhor — na forma discreta das modernas experiências em laboratório pautadas pela ética —, por gosto e desgosto. Para inspirar esses sentimentos em inocentes voluntários, uma atriz foi treinada para se comportar de forma excepcionalmente amável ou repreensível.[17] Diante de alguns voluntários, a encantadora atriz (que para todos era mais uma voluntária no experimento) usava um agasalho da mesma universidade que o verdadeiro voluntário. Quando seu atraso foi comentado pelo pesquisador, ela se desculpou com grande simpatia e, em reparação, distribuiu biscoitos para todos generosamente. Em outro cenário, na roupa, a atriz anunciava sua ligação com uma universidade rival. Em resposta ao educado comentário do pesquisador a respeito de seu atraso, a atriz gritou irritada, sugerindo que, se simplesmente interrompessem o bate-papo, poderiam prosseguir com o trabalho. A seguir, servindo-se (e apenas a si própria) de biscoitos, colocou os fones de ouvido de seu *walkman* e, em uma atitude que garantia o despertar de sentimentos de inimizade, aumentou o volume a um nível audível por todos.

Os voluntários foram, então, designados a ser jogadores ou observadores de um jogo computadorizado de tênis bem simples. Por meio de um daqueles sorteios fraudulentos em que os psicólogos sociais são tão hábeis, a atriz foi designada para jogar contra o computador. Os verdadeiros voluntários foram escolhidos como observadores. Sua tarefa consistia em acompanhar o jogo individualmente, em uma cabine vizinha, e, para cada voleio (um flash de luz que aparecia na tela), indicar se havia caído dentro ou fora dos limites. E, o que era crucial, os voluntários foram informados de que suas anotações como fiscais de linha não teriam qualquer efeito sobre o jogo. Eles apenas forneceriam dados ao pesquisador sobre a sua clareza. O próprio computador determinaria se o flash de luz havia caído dentro ou fora dos limites, e pontos seriam ganhos ou perdidos de acordo com essa fonte mais confiável. Assim, para repisar a questão, os voluntários sabiam que não teriam qualquer influência sobre o jogo e que não havia qualquer propósito a ser atendido — seja benévolo ou malévolo, dependendo de como eles se sentiam em relação à atriz que jogava — se relatassem falsamente se a bola caiu dentro ou fora das linhas de demarcação.

Contudo, de maneira notável, os sentimentos dos voluntários em relação à atriz ainda polarizaram o que eles realmente viram. Quando uma bola lançada por ela caía a apenas uns poucos pixels do lado de dentro da linha, os voluntários, ainda zangados com as incivilidades da atriz, eram mais propensos a falsamente declarar a bola "fora". Quando o oponente computadorizado da atriz lançava uma bola fora dos limites, eles eram mais propensos a declará-la "dentro". As percepções daqueles que tinham simpatia pela amável atriz também foram parciais, mas diametralmente opostas. Seus erros ao declarar as bolas que haviam caído próximo, do lado de dentro ou de fora, sempre favoreciam a atriz e não o adversário computadorizado. É possível que não houvesse uma pauta sendo seguida, consciente ou inconscientemente, pelos erros dos voluntários, pois todos tinham ciência de que não poderiam afetar o resultado do jogo. Mesmo assim, sua atitude em relação à atriz influenciou fortemente, no nível mais básico, o que viram na realidade.

O cérebro emocional não apenas repara nossas impressões do aqui e do agora, como já vimos no capítulo anterior. Um estado de espírito habitualmente alegre segue de mãos dadas com predições otimistas irrealistas para o futuro. De modo recíproco, aqueles de nós que são mais tristes, entretanto mais sábios, parecem ser mais realistas a respeito do que está por vir. Nem mesmo o passado permanece resguardado das ações reparadoras do cérebro emocional. Usando uma estratégia conhecida como viés do afeto desvanecido, o cérebro falsifica nossa memória de eventos vividos.[18] A história é reescrita, de modo que emoções perturbadoras que experimentamos quando coisas não deram certo são recordadas como tendo sido menos e menos intensas, à medida que o tempo passa. Em contraste, o biógrafo do cérebro se esforça ao máximo para carinhosamente alimentar e sustentar o vigor das memórias de nossas alegrias passadas. Este tratamento diferenciado do passado nos deixa suscetíveis à crença de que nosso passado foi mais feliz do que realmente foi.

Neste ponto, você pode questionar se a vaca humilde, pastando a grama de forma imperturbável, não terá uma visão mais correta de seu mundo do que nós temos do nosso. Nossas decisões, opiniões, percepções e memórias podem ser deixadas à deriva por nossas ocultas propensões emocionais, sem que, em geral, sequer notemos que a âncora escapuliu. Talvez ainda mais surpreendente seja o papel que tais chiados e rangidos do cérebro emocional em ação têm em gerar nosso senso do eu. Como aprenderemos, isto é o que parece dar origem ao nosso senso de existência ou de *ser*.

Recorde-se da experiência mais dramática de sua vida. Você se sentiu como se não estivesse lá? É muito provável que você tenha sentido um sinistro distanciamento de si próprio, como se uma versão extracorpórea sua o observasse sem emoção. Talvez, o mais curioso de tudo isso seja que, em vez de sentir os abalos e tremores merecidos pela situação, você tenha se sentido particularmente sem emoção.

Minha experiência traumática desse tipo ocorreu no improvável local de um museu da ciência. Eu estava recém-empregada como instrutora, uma solitária psicóloga no meio de um bando de bioquímicos. Enquanto os bioquímicos admiravam o material genético que tinham engenhosamente liberado de células de cebolas — uma atividade considerada adequada para crianças de cinco anos ou mais — eu mirava minha *soupe d'oignon* e não via sequer um cromossomo. Usando pipetas, centrífugas e cromatografia, esses superinstrutores abriam com facilidade seu caminho pelo treinamento, enquanto eu derrubava todos os tubos de ensaio ao alcance e desejava ter nascido com mãos em vez de patas.

Por ocasião de meu primeiro seminário, minha bem-fundamentada ansiedade em relação à minha competência foi aliviada apenas pelo fato de saber que teria a companhia de uma das mais competentes instrutoras. Espertamente, imaginei-me ajudando a distribuir os jalecos e deixando que a bioquímica mostrasse todo o seu poder e conduzisse o seminário. Entretanto, revelei-me uma melhor instrutora que ela em um importante aspecto: eu me lembrei de participar do seminário.

Eu estava apavorada. Minha missão consistia em guiar doze pré-pubescentes na mutação frankensteiniana da bactéria *E. coli*. As crianças começaram a ficar inquietas: algumas resolveram brincar com os caríssimos equipamentos científicos; outras preferiram sacudir as delgadas placas de petri que continham uma bactéria potencialmente letal. Foi neste momento que meu cérebro se livrou de seu "eu". O meu "eu", por assim dizer, saiu de meu corpo e passou a observar impassivelmente enquanto Cordelia Fine conduzia o seminário. Graças ao meu cérebro, fiz um trabalho melhor que faria caso tivesse permanecido lá, presa nas garras do pavor. A *E. coli* pode ter permanecido imutável — e as crianças provavelmente se perguntaram *para que servia* todo aquele aparato científico —, mas não ocorreu qualquer fatalidade ou processo jurídico. (Mesmo assim, logo após esse incidente, sugeriram que eu poderia preferir abster-me de conduzir qualquer outro seminário no museu.)

O que experimentei naquelas poucas horas de intensa ansiedade foi o que os psicólogos chamam despersonalização. É um trunfo que seu cérebro guarda na cartola para quando o jogo estiver quase perdido. Você se sente desligado de seus pensamentos, emoções e corpo, e o mundo pode parecer onírico e irreal. Assim que o perigo tiver passado, seu cérebro traz você de volta, e o mundo se torna de novo real.

O que seu cérebro apronta durante os episódios de despersonalização? Graças àqueles irritantes princípios de ética na pesquisa, que priorizam questões maçantes como o bem-estar e os direitos das pessoas em detrimento do avanço do conhecimento científico, psicólogos não podem apenas recrutar alguns voluntários generosos, atirá-los em uma situação apavorante e fazer algumas medições. Em vez disso, eles têm se ocupado estudando pessoas portadoras de uma condição psíquica chamada desordem de despersonalização, que as deixa em um estado quase constante de extracorporeidade.[19] Similar à que você próprio já pode ter experimentado, em geral a despersonalização é deflagrada por episódios de intensa ansiedade. E, talvez, isto não seja pura coincidência. A despersonalização parece ser a resposta emocional de emergência do cérebro ao estresse e à ansiedade. Diante de severa ameaça, seu cérebro põe as mãos para cima, em sinal de derrota, e abaixa o volume das emoções. Isto evita que você seja dominado pela ansiedade, o que poderia ser literalmente fatal em uma situação perigosa.

No entanto, se as emoções forem silenciadas, ficam silenciadas. Não há controles separados para emoções do tipo psicólogo-maluco-me-dizendo-que-serei-eletrocutado-até-a-morte e do tipo droga-recebi-uma-multa-de-estacionamento-proibido. Assim, se a teoria da despersonalização estiver correta, os pacientes devem se mostrar sem emoção em relação a tudo. Sem dúvida, quando psicólogos mostraram imagens desagradáveis a portadores de desordem de despersonalização, eles não tiveram a elevação normal na resposta da condutância cutânea.[20] Os pacientes apenas não eram emocionalmente despertados pelas imagens desagradáveis, como as pessoas de modo geral são.

O mesmo grupo de pesquisa, então, vasculhou diretamente os cérebros de pacientes de despersonalização usando mapeamento de ressonância magnética funcional, a fabulosa, mas ruidosa, técnica de imagem que mede a atividade cerebral.[21] Os pesquisadores queriam ver como os cérebros dos pacientes respondiam a coisas repulsivas. Ir às casas dos pacientes e fazer uma lavagem intestinal na mesa da cozinha não fazia parte das opções (malditos comitês de ética na pesquisa), de modo que restavam apenas as imagens. Normalmente, uma parte do cérebro, chamada ínsula, fica muito excitada quando você vê coisas repulsivas. É a parte de seu cérebro que permanece sempre como se tivesse oito anos. Contudo, as ínsulas dos pacientes de despersonalização respondiam *menos* a imagens repugnantes do que a imagens enfadonhas. Entretanto, o que *se tornava* superexcitado era o nosso velho amigo, o córtex pré-frontal.

Como o córtex pré-frontal é responsável por manter nossas emoções sob controle, um grande volume de comunicação se dá entre o córtex pré-frontal e as áreas do cérebro, como a ínsula, que respondem aos estímulos emocionais. Por isso era tão interessante que o sargento-mor do cérebro super-reagisse em pacientes com desordem de despersonalização quando estes miravam imagens repugnantes no estudo de mapeamento cerebral. Em contraste com meu encantador paciente com córtex pré-frontal lesionado, cujas emoções podiam correr descontrolada e livremente, os córtices pré-frontais dos pacientes com desordem de despersonalização pareciam manter as emoções sob rédeas curtas em demasia. É como se, ao menor sinal de algo ligeiramente picante, o córtex pré-frontal começasse a disparar comandos para a ínsula, alertando-a para manter a boca fechada. Este cuidado excessivo do córtex pré-frontal pode ser a razão por que as emoções ficam tão quietas durante episódios de despersonalização.

A idéia de permanecer tão intocado por destroços emocionais da vida pode parecer atraente. Podemos imaginar pacientes de despersonalização saudando uma conta de telefone astronômica com uma apática encolhida de ombros; uma goteira, com uma gargalhada indiferente. Contudo, na verdade, a despersonalização é um estado muito desagradável para alguém ficar por qualquer período de tempo. Autolesão e automutilação não são incomuns entre pacientes de despersonalização, talvez como tentativas de sentir *algo*. A vida é vazia e perturbadoramente irreal:[22]

> A música, geralmente, me toca, mas, agora, pode muito bem ser alguém moendo batatas... Pareço estar vagando em um mundo que reconheço, mas não sinto... O terrível isolamento do resto do mundo é que me assusta. Não ter qualquer contato com as pessoas ou com meu marido. Falo com eles e os vejo, mas não sinto que estejam realmente presentes.

Como um paciente descreveu, "eu preferia estar morto a viver desta forma. É como a morte em vida". Este é o problema com a despersonalização. Você não se sente mais experimentando a vida:

> É como se meu eu real fosse retirado e colocado em uma prateleira ou armazenado em algum lugar dentro de mim. Aquilo que me faz quem sou não está mais lá.
>
> Sinto como se não estivesse vivo — como se meu corpo fosse uma casca vazia, sem vida.

É isto que sugere que é nosso cérebro emocional que nos dá o senso de ser. Nossos sentimentos, não importando o quanto sejam triviais, é que nos dizem que estamos vivos.[23] Vemos que a tampa do vaso sanitário foi, *mais uma vez*, deixada aberta e, enquanto nos contorcemos de raiva, o cérebro ri para si próprio: "É, ainda por aqui." De acordo com esta linha de raciocínio, se as emoções fossem bloqueadas de modo firme, poderíamos realmente começar a pensar que deixamos de existir:

> Um dia, saí para uma caminhada pela cidade, fui parar na casa de minha sogra e disse a ela: "Morri", e passei a esfaquear meu braço, na tentativa de fazer jorrar algum sangue. Como não sangrava, segui dizendo: "Veja, devo estar morto — não sai sangue."[24]

Este homem não estava brincando, tentando deixar a sogra constrangida na frente de amigos do clube de tênis. Ele verdadeiramente acreditava estar morto. Da mesma forma, uma outra paciente, uma mulher jovem, expressava culpa por receber dinheiro do seguro social. Sua preocupação era que, estando morta, não tinha direito ao benefício. Estes pacientes sofrem da ilusão de Cotard, que alguns pesquisadores pensam ser o resultado de um cérebro que é ainda mais desmesurado em sua estratégia de despersonalização. Enquanto os pacientes de despersonalização vêem o mundo como distante e irreal, os pacientes da ilusão de Cotard negam que o mundo até mesmo exista. Enquanto os pacientes de despersonalização podem sentir como se seu corpo não mais lhes pertença, os pacientes de Cotard podem afirmar que partes de seu corpo apodreceram inteiramente. E, enquanto portadores de desordem de despersonalização podem se sentir *como se* estivessem mortos, os pacientes de Cotard podem realmente acreditar que estão mortos.

Nesses casos extremos da ilusão de Cotard, os pacientes se tornam tão desligados de seus sentimentos, pensamentos, corpo e do mundo, que nada pode persuadi-los de que estão vivos. Uma das primeiras pacientes de Cotard de que se tem notícia, cujo caso foi descrito por um psiquiatra no século XIX, insistia em ser colocada em uma mortalha. Então, ela começou a reclamar da aparência inadequada do tecido, fazendo o psiquiatra queixar-se, irritado, de que "mesmo na morte ela não deixava de lado o hábito feminino de embelezar-se". O sentimento de inexistência é inescapavelmente convincente. Psicólogos perguntaram à jovem paciente de Cotard, que se preocupava com seu direito ao seguro social, como ela podia sentir calor ou frio, sentir a batida de seu coração, saber quando sua bexiga estava cheia e, apesar de tudo isso, afirmar que estava morta. A jovem mulher replicou de modo inteligente que, como ela tinha estes sentimentos apesar de estar morta, eles obviamente não podiam ser tomados como evidência de que estava viva; uma refutação que, sem dúvida, teria desconcertado o próprio Descartes.

Na verdade, quando Descartes escreveu a famosa frase "cogito, ergo sum", *cogito* não se referia apenas ao pensamento, mas também a uma rica variedade de experiências, incluindo emoções. A despersonalização sugere que, quando o cérebro abaixa o volume das emoções, o sentido do eu começa a escapulir.

O EQUILÍBRIO que o sargento-mor do cérebro emocional deve alcançar é delicado. Emoções em demasia e terminamos berrando por causa de uma caneta esferográfica que alguém tirou de nós, reclusos em um hospital psiquiátrico de segurança ou paralisados de terror diante de algumas crianças e muitos milhões de bactérias *E. coli*. Contudo, se o cérebro emocional se torna demasiadamente parcimonioso com as emoções, as conseqüências podem ser não menos devastadoras. Como demonstra o cronicamente indeciso paciente EVR, removamos a habilidade de usar emoções como informação, e a decisão mais simples torna-se irremediavelmente desconcertante. Amorteçamos em demasia as emoções e começamos a perder a posse de nosso precioso sentido do eu. Mesmo quando o sargento-mor acerta no equilíbrio, nos deixa ligeiramente iludidos em relação a nossos passado, presente e futuro. As conseqüências emocionais de circunstâncias casuais (um singelo vale-brinde, um pouco de chuva, a excitação de um exercício leve, um penetrante purificador de ar) podem colorir nossas visões aparentemente impassíveis. Seu cérebro mete os dedos suados em todos os bolos, do xampu que você experimenta aos sorrisos que você vê. Considerando toda a influência furtiva que ele tem na construção de seus mundos exterior e interior, é melhor torcer para que o cérebro emocional faça um trabalho razoavelmente bom.

CAPÍTULO 3

O Cérebro Imoral

A terrível criança interior

O MUNDO MORAL DE meu filho de dois anos é simples: fundamenta-se em emoções tanto cruas quanto poderosas.

"Vez de *Isaac*!", ele berra para a criança que acabou de se sentar no balanço do playground.

"É *meu*!", ele adverte o bebê, pegando o brinquedo.

"Não quer isto!" é seu veredicto em relação à fralda que tento colocar, despreocupado quanto às potencialmente perigosas conseqüências para o bem-estar do sofá.

"*Isaac* faz isto!", ele choraminga, agoniado de inveja ao ver o pai cortando cebolas com uma faca bem afiada.

Em seu comportamento, não há qualquer evidência de lutas internas a respeito de questões complexas de reciprocidade, possessão, dever ou prudência. O caminho para a retidão é claro como o dia — e corresponde exatamente ao que meu filho deseja.

Ele também não se preocupa com as sutis complexidades das circunstâncias das pessoas, antes de emitir um juízo sobre suas transgressões.

"Greta levada!", ele declara, quando sua amiga de três anos de idade atira o jantar pela sala.

A mãe de Greta explica paciente ao meu filho que Greta não é levada, mas — por estar cansada, com fome e superexcitada —, sim, Greta fez uma coisa feia. Entretanto, é claro que meu filho não tinha tempo para a prática moderna de rotular o comportamento e não a criança. "Greta levada", ele insiste. Então, após uma pausa pensativa: "Greta levada, Greta levada, Greta levada!" De fato, para reforçar seu ponto de vista de que nenhuma condescendência deve ser demonstrada a um comportamento subpadrão à mesa de jantar, ele repete apenas isso durante todo o restante de nossa visita.

Obviamente, espero que meu filho, tendo aprendido com o impecável exemplo e com os ensinamentos de seus pais, logo amadurecerá e deixará de lado seu senso moral primitivo e especializado. Ou, pelo menos, aprenderá a disfarçá-lo melhor. Basta arranharmos a superfície de um adulto moralmente maduro, e iniqüidades dignas de uma criança impetuosa se tornarão visíveis. Despreocupados e desatentos às circunstâncias de outros, podemos ser tão rápidos como qualquer magistrado adolescente para chegar à conclusão "Greta levada". Contudo, quando os papéis se invertem e nossa própria situação dificulta que façamos a coisa certa, nossa conduta se revela tão caprichosa como a de qualquer "terrível" criança de dois anos.

* * *

Pode não ser tão aparente nos adultos como nas crianças pequenas, mas nossas emoções têm um papel importante, ainda que furtivo, em nossas condenações e aprovações morais. Segundo uma hipótese recente, nossos aparentemente altivos juízos em geral têm origem em pressentimentos ou em intuições morais.[1] Enquanto ponderamos uma situação de carga moral, sentimos um flash de emoções primitivas, que é tudo que precisamos para fazer nosso julgamento. Entretanto, já que é uma vergonha deixar ociosas aquelas partes do cérebro que nos ajudam a nos distinguir dos macacos e crianças pequenas, inventamos razões para explicar e justificar nosso ponto de vista. (E, como veremos no Capítulo 5, o cérebro tem o perturbador costume de fornecer um conjunto convenientemente polarizado de evidências e argumentos para sustentar nossas opiniões.) Isto nos dá a satisfatória, embora quase sempre ilusória, impressão de que nossa moral é baseada em um pensamento racional e lógico, e não em caricaturescos reflexos como irra!, droga! ou caramba!. Graças à engenhosa iludição do cérebro emocional, normalmente parece — tanto para nós mesmos como para os outros — que iniciamos nossas habilidosas cogitações antes, e não depois, de formarmos nosso veredicto moral. Contudo, quando por perto não existem boas razões para justificar nossas respostas imediatas, o fato de que, em nosso processo moralizante, nos agarramos a um inexistente fiapo de pensamento racional se torna embaraçosamente visível.

Por exemplo, pesquisadores pediram que estudantes universitários justificassem sua condenação moral de (colocarei isto da forma mais delicada que puder) um homem que se auto-satisfaz com a solícita ajuda de um cão.[2] Segundo a estrutura da moralidade ocidental, que pode ser cruamente resumida como "tudo é válido, desde que ninguém se machuque", nada há de errado com esta mutuamente agradável interação entre um homem e seu melhor amigo, embora possa ser repulsivo contemplá-la. Por isso, muitos estudantes tiveram dificuldade em racionalizar suas reflexivas respostas de repulsa e tornaram-se, como os pesquisadores definiram, "moralmente aturdidos". "Bem, quer dizer, não sei, não penso que seja, acho [longa pausa], realmente não [risos] ligo muito para essas coisas, então eu realmente não sei, mas, não sei, eu apenas [longa pausa], hum..." foi a tentativa inarticulada de uma estudante para explicar sua censura a respeito da cena do homem-com-cachorro, por exemplo. Portanto, intuições morais baseadas em emoções impensadas nem sempre nos ajudam se nosso objetivo for um senso moral coerente e consistente. Nosso próprio desconforto, ou repugnância, pode nem sempre ser compatível com a estrutura moral da qual alegamos ser adeptos.

As emoções também atrapalham nossas tentativas de sermos íntegros e justos de uma forma ou de outra. Como vimos no capítulo anterior, sentimentos deflagrados por um evento podem ser erroneamente incorporados nos processos que usamos para formar um juízo sobre outros assuntos. (Lembra-se dos consumidores que avaliaram seus carros e televisores com notas mais altas porque estavam em bom estado de espírito por terem recebido um presente?) Infelizmente, este efeito interferente das emoções também pode bagunçar nossos juízos morais, que são suscetíveis ao mesmo tipo de polarização. Em uma demonstração dos efeitos deturpadores da raiva, por exemplo, pesquisadores fizeram um grupo de voluntários ferver de raiva mostrando a eles um vídeo em que testemunhavam o espancamento brutal de um adolescente.[3] Um segundo grupo assistiu a um filme em que formas coloridas se moviam alegre e inocentemente pela tela. Então, em um experimento supostamente sem relação, todos os voluntários foram convidados a fazer comentários sobre uma série de casos de negligência. Eles foram questionados, por exemplo, sobre um mestre-de-obras que havia deixado de verificar algumas tábuas que temporariamente cobriam a calçada. Até que ponto seria culpado se um transeunte quebrasse o tornozelo ou a clavícula ao tropeçar em um vão entre as tábuas? Que valor de indenização ele deveria pagar à pessoa que havia se machucado, pela dor e sofrimento? Os voluntários, que ainda ferviam de raiva devido à injustiça que haviam assistido no vídeo, cometeram sua própria injustiça em relação aos acusados de negligência. Essas pessoas raivosas foram mais duras na recriminação daqueles que negligenciaram suas tarefas e foram mais rigorosas nas declarações do que consideravam ser apenas desertores, em comparação com os voluntários que não experimentavam raiva anterior.

Esta não é a única maneira em que estar de cabeça quente nos deixa de cabeça torta. Estar cego de raiva em nada ajuda nossa habilidade de perceber as sutis nuanças de dilemas morais. Em alguns dos casos de negligência, lidos tanto pelos voluntários com raiva como pelos calmos, os culpados agiam totalmente de livre e espontânea vontade (por exemplo, um vendedor de carros usados que vendeu um limão para um inocente comprador). Entretanto, em outros casos, fatores complicadores, como falta de treinamento ou coerção pelos superiores, foram incorporados aos cenários. O mestre-de-obras, por exemplo, não havia sido instruído sobre como verificar a segurança do canteiro antes de ir embora. Além disso, seu horário de expediente daquele dia já havia terminado, e ele sabia que não receberia pagamento de hora extra para verificar as tábuas, pois a obra estava tendo prejuízo. Os voluntários imparciais foram mais sensíveis a esse tipo de informação, reconhecendo que essas circunstâncias mitigantes tornavam os acusados merecedores de punição mais branda. Os voluntários com raiva, ao contrário, ignoraram essas sutilezas, enquanto tentavam desajeitadamente equilibrar a balança da justiça punitiva.

A névoa moral que emana do estar em um estado de irritação não é, entretanto, inevitável. Alguns dos voluntários com raiva, antes de formarem juízo, foram informados de que, depois, seriam questionados por um pesquisador de pós-doutorado a respeito das razões por trás de suas atribuições de culpa. Esses voluntários, sabendo que teriam de justificar suas acusações, se comportaram mais como os voluntários imparciais quando aplicaram as punições aos transgressores. É reconfortante saber, suponho, que somos capazes de superar os efeitos deturpadores de nosso estado emocional quando estamos cientes de que seremos responsabilizados. Da mesma maneira é desanimador saber que tomamos o cuidado de manter nosso humor fora da equação moral apenas quando temos ciência de que podemos ser desacreditados se não agirmos assim.

Nossos juízos morais também são perigosamente poluídos por uma profunda e arraigada necessidade de crer em um mundo justo.[4] Obviamente, todos nós superamos a noção de conto de fadas de que a virtude é sempre premiada e que os maus receberão seu troco. (Pelo menos, aqui em baixo, na Terra, muitos adultos se agarram à esperança de que justiça será servida no *post mortem*, a pessoa honrada será levada por entre portões nacarados; o patife retornará na forma de uma barata.) Questione-nos francamente, e diremos ai!, ai! e daremos suspiros por conta dos imerecidos infortúnios das inúmeras vítimas inocentes do mundo. No entanto, quando nos deparamos com tais desafortunados, nossos sentimentos em relação a eles podem desmascarar nosso princípios altivos.[5] Quando nosso filho mais velho ainda era um bebê (e, claro, o centro de nosso mundo), o levamos para um passeio e encontramos com uma vizinha, uma avó de três netos. Era o décimo aniversário de uma de suas netas — ou teria sido, caso ela não tivesse morrido de leucemia três anos antes. A vizinha nos contou os angustiantes detalhes do definhamento da neta, os dolorosos tratamentos de câncer e o desespero implacável dos últimos meses que antecederam sua morte. Não sinto orgulho disso, mas, durante todo o tempo em que ouvia a insuportavelmente triste história, acusações frenéticas contra a mãe enlutada se atiravam, espontaneamente, em minha consciência: "Ela não deve ter amamentado"; "Aposto que ela alimentava a filha com porcaria"; até mesmo "Ela deixava a filha sentar-se muito perto da televisão". De certa forma, eu sabia que estes pensamentos eram infundados e completamente irracionais. Mesmo assim, eles surgiam. A mensagem agourenta da perda dessa pobre mulher — "poderia ser *seu* filho" — era perturbadora demais para ser contemplada. A estratégia mesquinha e vergonhosa de meu cérebro imoral para tratar desta ameaça foi culpar a mãe. Foi sua culpa, foi ela que provocou isso, ela falhou nas obrigações maternas... o conforto silencioso final desses vilipêndios é, obviamente: "Não há com o que me preocupar. Isto não acontecerá *comigo.*"

Embora essa negação não seja, normalmente, tão aparente, não estou sozinha nesta prática covarde. A miríade de injustiças no mundo é excessiva demais para nossa psique. Quando nos deparamos com essas desgraçadas presas do destino, lutamos contra a conclusão de que a vida é selvagem e injustamente injusta. Se for impossível, muito difícil ou excessivamente problemático lutar para que os erros das vítimas sejam corrigidos, recompensá-las pelo sofrimento ou aliviá-las de seus fardos, então sucumbimos a uma outra estratégia, mais fácil. Persuadimo-nos de que foram elas próprias que atraíram os infortúnios. Tão forte é nossa necessidade de crer em um mundo justo (pois, caso contrário, nós também — não por nossa culpa — podemos perder o emprego, a casa, a saúde, a sanidade, o filho) que cedemos à mais confortável ilusão de que coisas ruins acontecem apenas com pessoas ruins.

A evidência de nossa crença obstinada em um mundo justo surge, em parte, em uma série de experimentos que engenhosamente expõem como nossos sentimentos em relação às outras pessoas se alteram, para o pior, quando somos forçados a vê-las sofrer. Em uma tortuosa configuração experimental, diversos voluntários são levados para um auditório. Eles são informados de que observarão, em circuito fechado de televisão, uma colega em uma experiência de aprendizagem. A tarefa deles consiste em avaliar os traços comportamentais da colega. O pesquisador, dr. Stewart, chega e leva a voluntária para fora da sala. Enquanto se dirigem à saída, dr. Stewart comenta que a experiência de aprendizagem dessa sessão envolverá intensos choques elétricos como punição por erros na tarefa de aprendizado. A infeliz estudante é levada para fora da sala como um cordeiro para o matadouro, e, logo depois, os observadores a vêem, na tela da TV, sendo conectada aos eletrodos. Para ajudá-la a aprender pares de palavras, recebe um doloroso choque cada vez que comete um erro.

Como você já adivinhou, a infeliz voluntária é, na verdade, uma atriz; e a imagem da experiência de aprendizagem é de uma fita gravada previamente. Na verdade, os pesquisadores não estão interessados nos traços comportamentais da aprendiz. Isto é apenas uma encenação tanto para explicar por que os observadores têm de observar alguém em sofrimento como para torná-los, de certa forma, cúmplices em uma pesquisa eticamente duvidosa. Antes que vissem a fita, o pesquisador manipula o que pensarão que acontecerá à vítima após a primeira série de choques elétricos. Por exemplo, os observadores podem ser informados de que a vítima receberá (em cenários cada vez mais favoráveis) nada, um pagamento modesto ou um pagamento generoso por sua participação na experiência. No entanto, em uma versão diferente e mais desagradável do ardil, os observadores podem ser informados de que a pobre vítima receberá ainda mais choques no segundo estágio da experiência de aprendizagem. E, no roteiro martirizante da encenação, ficam sabendo que a estudante que recebeu choques sofrerá para que eles possam receber algo. Ao tomar conhecimento de que será eletrocutada, a atriz anuncia, nervosa, que está apavorada e pergunta se, por favor, não pode abandonar o experimento. Contudo, o frio dr. Stewart a repreende e lhe avisa que, se desistir, todos os estudantes que deviam observá-la não receberão a gratificação. Com relutância, a vítima martirizada concorda em prosseguir para o bem dos observadores.

Após assistirem ao filme do experimento de aprendizagem (uma experiência claramente perturbadora para os observadores, que tremiam em solidariedade às contorções da atriz), foram instados a avaliar a personalidade da vítima. Todos assistiram exatamente à mesma fita da participação da atriz no experimento de aprendizagem. Contudo, a percepção que tinham do tipo de pessoa que era a atriz se mostrou surpreendentemente sensível ao suposto destino dela. Notável e horrivelmente, quanto menor a compensação pecuniária que os observadores pensavam que a vítima teria pelo sofrimento (em outras palavras, menos justo seria o experimento), mais desgostavam dela. Ainda mais menosprezada é a mulher que as pessoas pensam que continuará para sofrer com mais uma rodada de choques elétricos. E o que dizer da mártir que desinteressadamente se sacrificou para beneficiar os outros? Ela, sinto dizer, é a mais desprezada de todas.

A conclusão desta pesquisa — de que a desventura de uma pessoa é tanto mais amplificada quanto mais proporcionalmente imerecidas são as críticas que atrai — é, de fato, deprimente. Nem precisamos vasculhar nossas almas muito a fundo para encontrar exemplos que, de forma suspeitosa, se encaixam muito bem na crença em uma hipótese de mundo justo. Por que, após a destruição de Nova Orleans pelo furacão Katrina, inúmeros rumores não confirmados de estupro e violência foram tão disseminados?[6] Será por que, talvez, seja mais fácil acreditar que as pessoas recebem o que merecem? Ninguém gosta de imaginar o fraco e empobrecido abandonado em uma cidade devastada; nosso coração doerá menos se supusermos que os que foram deixados para trás são estupradores e assassinos.

O cérebro imoral não supre apenas nossas covardes necessidades psicológicas de sentir que a vida é justa e segura. Ele também ajuda, de modo muito competente, a manter aquele crucial senso de superioridade moral. Enquanto o cérebro faz o papel de um psicólogo amador e especula as razões e justificativas por que as pessoas se comportam da forma como se comportam, cuidadosamente faz uso de duas medidas sempre que necessário. Somos, por exemplo, rápidos em ressaltar as personalidades das pessoas para explicar seus erros. Embora, à primeira vista, isto possa parecer razoável, tente considerar com que freqüência você prefere apresentar desculpas específicas para seu comportamento quando este resulta abaixo do esperado. Você jamais perde seus prazos por ser desatento ou desorganizado — apenas acontece de surgirem outros assuntos inesperados e urgentes. Você não é irritadiço ou grosseiro — apenas os santos não gritam ocasionalmente com o cônjuge após um dia longo e cansativo. E não é por ser egoísta e não se importar com os outros que você ainda não fez aquela doação para caridade — você esteve ocupado com muitas outras coisas. Quando sua conduta fica aquém de suas intenções, lançar mão de circunstâncias mitigantes o mantém a salvo das desconfortáveis conclusões de que você pode, de fato, ser incompetente, descortês ou descaridoso.

Você se dá ao trabalho de estender aos outros o mesmo benefício da dúvida? Não. Quando refletimos sobre falhas em nossa própria conduta, fica claro que nossas problemáticas circunstâncias conspiraram para esconder nosso verdadeiro potencial, nosso bom caráter e nosso propósito digno. Contudo, somos estranhamente cegos em relação às sutilezas das situações por que passam outras pessoas e que podem afetá-las. Nossa sensibilidade a respeito do contexto, tão afinada quando se trata de aplicá-la a nós mesmos, torna-se frouxa e descuidada quando focamos outras pessoas. A nossos olhos negligentes, o que os outros fazem reflete o tipo de pessoa que são; e é tudo. Vimos no Capítulo 1 como estudantes, instados a predizer quando completariam uma tarefa especificada pelo pesquisador, deixaram de levar em conta suas próprias dificuldades passadas para terminar um serviço no prazo.[7] Temos uma tendência de culpar interrupções devido a eventos inesperados e imprevisíveis por nossas falhas passadas em atender prazos, um hábito que deixa fresca e imaculada nossa confiança de que *desta* vez — sim! — faremos as coisas a tempo. No entanto, quando predizemos as datas em que outras pessoas completarão suas tarefas, falhas passadas parecem, rapidamente, muito mais pertinentes. No mesmo estudo, voluntários que receberam informação sobre falhas passadas de um outro estudante para terminar um serviço no prazo foram muito mais pessimistas em suas previsões sobre quando o estudante completaria a tarefa. É possível que, ao concluir que estavam diante de um procrastinador crônico, os críticos observadores, de fato, superestimaram o tempo que a pessoa que estavam julgando levaria para terminar o trabalho. Nossos próprios cargueiros são retidos pelo revolto mar das circunstâncias. Os navios das outras pessoas navegam com atraso para o porto por serem pachorrentos.

No meio de toda esta pesquisa desinquietadora sobre nossa auto-ilusão e hipocrisia, é encorajador tomar conhecimento de algo positivo: somos, ao que parece, suficientemente generosos para estender àqueles que amamos o mesmo estilo perdoador de justificar o comportamento que usamos para nós mesmos. Na verdade, na maioria das vezes, interpretamos as razões por trás do comportamento de nosso cônjuge de forma ainda mais benevolente que as nossas próprias[8] (talvez porque, como salientou um cínico especialista em relacionamentos, "estar envolvido com uma pessoa maravilhosa é muito mais deleitoso que estar envolvido com uma pessoa inadequada").[9] De fato, esta névoa benigna que envolve as motivações das ações de nosso cônjuge parece ser uma importante característica de relacionamentos felizes. Em contraste, em casais que estão à beira do divórcio, cada cônjuge julga-se moralmente superior ao outro e observa seu comportamento com severa desconfiança.[10] Até mesmo atitudes gentis e ponderadas são descartadas como aberrações incomuns, tendo em vista o fundo de inadequação. Contudo, mesmo entre casais que estão razoavelmente satisfeitos com o estado de seu casamento, a névoa suavizadora que protege o comportamento do cônjuge pode se dispersar com rapidez exatamente quando mais necessitam dela. Casais que foram entrevistados em separado sobre um desentendimento que tiveram no casamento forneceram as costumeiras explicações de proveito próprio do porquê de as circunstâncias da discussão justificarem o próprio comportamento.[11] Embora o casal descrevesse a mesma discussão, praticamente todos alegaram, como no pátio da escola onde ecoam os gritos de "Ele é que começou!", que a culpa foi da outra pessoa. Como se o parceiro de toda a vida não passasse de um estranho, a maioria obliterava as razões que, naquela particular situação, poderiam justificar a atitude do cônjuge.

Nosso julgamento sobre os outros também pode deixar de avaliar as boas intenções com a mesma generosidade que aplicamos a nós mesmos. Pesquisadores pediram que voluntários mantivessem seus braços imersos em água gelada para levantar fundos para obras de caridade — eles doariam cinqüenta centavos por cada minuto que o braço ficasse submerso.[12] A seguir, os voluntários foram instados a avaliar o próprio altruísmo. Secando as gélidas gotas de seus braços congelados, os voluntários basearam-se, para uma avaliação de sua virtude, menos na quantia que tinham conseguido ganhar para a obra de caridade escolhida do que naquilo que gostariam de fazer para ajudar. Em outras palavras, julgaram generosamente a si próprios pelo que *gostariam* de fazer e não pelo que realmente fizeram. Contudo, da mesma forma que nossos próprios pensamentos filantrópicos são claros como o dia para nós, a total invisibilidade das intenções das outras pessoas faz com que sejam deixadas de lado quando formamos uma opinião de suas ações. Damos aos outros menos crédito por suas boas intenções do que damos a nós mesmos pelas nossas. Um outro grupo de voluntários no experimento de imersão em água gelada, instruído a apenas observar enquanto outros se sacrificavam por caridade, não estava interessado em meros motivos. Quando solicitados para avaliar o altruísmo da pessoa que observaram, demonstraram indiferença em relação à virtuosa intenção do sofredor. Eles julgaram apenas pelos resultados. Até mesmo aqueles unidos pelo sagrado laço do matrimônio possuem grande dificuldade em dar aos louváveis motivos de nosso cônjuge a mesma evidência que damos aos nossos. Nos casais que descrevi anteriormente, que foram entrevistados a respeito de antigos desentendimentos, os cônjuges exibiram uma probabilidade quatro vezes maior de ressaltar suas próprias intenções louváveis que as do parceiro.

Nossa indulgente auto-aprovação, em conjunto com nossas depreciadoras e imprecisas avaliações dos outros, nos deixa absolutamente com o agradável, embora enganoso, senso de ser mais santo que o Papa. Contudo, as manipulações de psicólogos sociais mostram que nossa espinha moral pode ser partida como o junco mais delgado. Um dos mais famosos marcos da psicologia, os estudos da obediência de Milgram, expôs todo o poder que situações sociais têm no controle de nosso comportamento. Nos estudos originais de Milgram sobre a obediência, quarenta homens comuns e presumivelmente decentes (professores, engenheiros e operários, por exemplo) foram recrutados para participar de um estudo de memorização e aprendizagem na Universidade Yale.[13] O enredo dizia que, em conjunto com outro participante, eles fariam papel de professor ou de aprendiz em um experimento elaborado para examinar os efeitos da punição no aprendizado. Em um falso sorteio aleatório, o homem desavisado foi escolhido para ser o professor. O outro participante (um ator de modos agradáveis) tirou o papel de aprendiz.

O nível de detalhe com o propósito de enganar os voluntários nesse infame experimento era extraordinário. Primeiro, o ator foi amarrado a uma cadeira elétrica (para "evitar movimentação excessiva", como foram informados) e pasta condutora foi aplicada sob os eletrodos fixados aos pulsos do aprendiz (de modo a "evitar bolhas e queimaduras"). O verdadeiro participante foi levado a uma outra sala e instruído de que, como professor, sua tarefa consistia em aplicar choques elétricos cada vez mais intensos sempre que o aprendiz cometesse um erro na tarefa de aprender pares de palavras. O fictício gerador de choques elétricos (profissionalmente identificado com as palavras *Gerador de Choques, Tipo ZLB, Dyson Instrument Company, Waltham, Mass. Saída 15 volts – 450 volts*) incluía um painel com trinta comutadores marcados de 15 a 450 volts, em incrementos de 15 volts. A intensidade dos diferentes níveis de choques foi cuidadosamente descrita no painel de controle. Por exemplo, os comutadores de 15 a 60 volts foram classificados como "choque leve", enquanto os comutadores de 375 a 420 volts foram marcados com "perigo: choque intenso". Os últimos dois níveis de choque, 435 e 450 volts, foram, simples e abominavelmente, marcados como "XXX". Para acrescentar um toque final de autenticidade ao falso gerador de choques, no início do experimento cada professor recebeu um choque de 45 volts, supostamente dado pelo gerador, mas, na verdade, por uma bateria escondida em seu interior.

Com o cenário pronto, era a hora de o experimento de aprendizagem começar. O professor foi instruído a girar o comutador para acrescentar 15 volts a cada vez que o aprendiz cometesse um erro. Aos 300 volts, o aprendiz esmurrava com força a parede de sua prisão experimental e não respondia à pergunta do professor. Em geral, neste ponto, o professor perguntaria ao pesquisador o que fazer, e este replicaria que ele devia tratar a falta de resposta como uma resposta errada e aumentar o nível do choque em mais 15 volts. Aos 315 volts, nova batida desesperada na parede e, daí em diante, nada mais, exceto um sinistro silêncio da parte do aprendiz — nem mesmo o consolo de uma martelagem frenética. No outro lado, os participantes no papel de professor demonstravam sinais de extrema agitação: transpiravam profusamente, tremiam, gaguejavam, mordiam os lábios, gemiam, cravavam as unhas na própria carne. Alguns passaram, até mesmo, a sorrir e rir nervosamente — de forma incontrolável, em três casos. Muitos dos participantes perguntaram ao pesquisador se deviam prosseguir ou expressaram preocupação pelo mal que poderiam estar causando ao aprendiz. Em resposta às suas inquietações, o pesquisador replicou com educação, mas com crescente firmeza, que deveriam prosseguir.

O que Milgram descobriu (e repetidas vezes) foi que cerca de dois terços de homens (e mulheres) comuns obedientemente eletrocutarão um outro ser humano, até o perigoso nível de 450 volts, porque um cientista de jaleco mandou. Quase 90% dos participantes do experimento original administraram pelo menos mais um choque após ouvir o aprendiz esmurrar a parede. O pesquisador não tinha qualquer poder especial para forçar seus severos críticos a continuar, assim como os homens não seriam punidos de qualquer forma por desafiar o pesquisador. Contudo, apesar dos claros sinais de que o aprendiz estava sofrendo contra sua vontade, a autoridade da situação era tamanha, que a maioria das pessoas não podia resistir. A maioria dos participantes violou o básico princípio moral, aprendido no colo da mãe, de não ferir outra pessoa.

O efeito moralmente sufocante de estar na parte de baixo do gradiente de autoridade, como é conhecido, com certeza não é menos que notável. Foi estimado que, em cada cinco quedas de avião, a relutância de um co-piloto em abrir a boca e desafiar a decisão de seu capitão teve significância em pelo menos uma.[14] Tão poderosas são as pressões psicológicas de um ambiente hierárquico que um co-piloto pode sacrificar a própria vida — assim como as dos passageiros e tripulação — em vez de questionar a autoridade de seu superior. No dia 1º de dezembro de 1993, o vôo 5719 da Express II Airlines

Inc./Northwest Airlink para Hibbing, Minnesota, desceu muito rápido e errou completamente a pista. Todos a bordo morreram. O gravador de voz da cabine revelou que o co-piloto sabia que o avião estava a uma altitude excessiva para a aterrissagem. "É... você vai ficar aqui em cima tanto tempo quanto puder?" foi sua única tentativa de alertar o comandante acerca do erro. Quando o avião já raspava as copas das árvores, momentos antes da queda, o co-piloto ainda respondia respeitosamente às perguntas do comandante.

Em outro notório experimento, que mostrou que o murmúrio da virtude interior é facilmente abafado pelas ruidosas exigências de nossas circunstâncias, os pesquisadores Darley e Batson colocaram inocentes estudantes de teologia em uma cilada moral.[15] Os estudantes foram informados de que o experimento buscava determinar quão bem os estudiosos de Deus podiam falar de improviso. Em um outro prédio (segundo a encenação do experimento), um assistente de pesquisa os esperava para gravá-los em uma fala improvisada. À metade dos iludidos participantes foi dito que deviam discorrer sobre o valor da experiência seminarística para outras ocupações, além do ministério religioso. Os outros foram solicitados a apresentar algumas reflexões a respeito da parábola do bom samaritano (você sabe, aquele sujeito exemplar que ajudou um estranho necessitado à beira da estrada). Os pesquisadores, então, manipularam a urgência da missão dos estudantes, dizendo-lhes que ainda tinham alguns minutos extras, que estavam em cima da hora ou que já estavam atrasados. Quando cada inocente estudante se encaminhou para o outro prédio, o que encontrou no corredor foi apenas uma pessoa miserável escorando-se na parede. (Parece familiar?) Com o impecável gosto pelo teatral tão necessário para o sucesso em psicologia social, os pesquisadores tomaram o cuidado para que o homem em dificuldade tossisse (duas vezes) e gemesse quando cada estudante passasse por ele.

O verdadeiro interesse dos pesquisadores era saber quais estudantes de teologia parariam para ajudar o sofredor. Usando vários questionários, os pesquisadores avaliaram os sentimentos e motivações por trás da religiosidade dos estudantes e tentaram estabelecer se isso os influenciaria, de alguma forma, a praticar ou não o que a Bíblia pregava. Não teve qualquer influência. Na verdade, as conclusões dos pesquisadores são de difícil digestão. O único fator que influenciou os estudantes a ajudar ou não foi a estimativa de que tinham de tempo disponível: em geral, as pessoas que achavam que ainda tinham alguns minutos de que dispor prestaram assistência, mas quase todas as pessoas informadas de que estavam atrasadas passaram correndo. Ironicamente, nem mesmo os teólogos ocupados em fazer notas mentais sobre as lições a serem aprendidas ao longo da estrada de Jerusalém a Jericó demonstraram mais compaixão pelo estranho. De fato, como os pesquisadores observaram, dirigindo-se para palestra sobre o bom samaritano, diversos estudantes literalmente pisaram na vítima enquanto se apressavam pelo caminho.

A espantosa visão de nossa fragilidade moral oferecida por esta pesquisa deveria ser edificante. No entanto — nunca se sabe — nossos cérebros imorais têm uma forma de convencer-nos de que as lastimáveis deficiências morais dos outros têm pouco a nos ensinar, considerando nossas próprias santas intenções. Pesquisadores descreveram o experimento de Milgram para estudantes de psicologia e pediram que examinassem suas almas e refletissem sobre o que teriam feito na mesma situação.[16] Alguns dos estudantes já conheciam a lendária pesquisa de Milgram. Caso aprendessem algo desse trabalho, seria que o que determina seu comportamento não é tanto o tipo de pessoa que você é, mas sim as pressões da situação em que você se encontra. Contudo, sua educação não lhes trouxe auto-esclarecimento. De modo confiante, predisseram que desafiariam o pesquisador muito antes do que faria um estudante típico.[17] De fato, embora fossem bem-versados sobre as autopresunções a que somos suscetíveis, seus auto-retratos, em que se imaginavam como um do professores no experimento de Milgram, não foram menos lisonjeiros do que os dos estudantes que desconheciam tanto as descobertas de Milgram quanto o narcisismo do cérebro.

O problema é que você pode saber, intelectualmente, que a perseverança moral das pessoas nada mais é que uma folha soprada para cá e para lá pelos ventos das circunstâncias. Você pode ser (e, de fato, agora é) muito bem informado sobre as distorções auto-amplificadoras do cérebro humano. No entanto, é quase impossível aplicar esse conhecimento a nós mesmos. De alguma forma, e de maneira lamentável, este conhecimento não consegue penetrar a auto-imagem. Você consegue se imaginar aplicando choques elétricos extrema e intensamente dolorosos em um desprotegido ser humano? É claro que não. Duvido que alguém, lendo este livro, possa se imaginar tendo esse comportamento. Todavia, o fato é que, se você fosse um dos muitos inocentes professores de Milgram, quase com certeza teria se comportado como todos os outros. (Vamos, admita. Neste momento, você está pensando que teria sido uma das raras pessoas que desafiaram o pesquisador.)

Infelizmente, nossa recusa em aceitar a verdade na homilia "Senão pela graça de Deus eu sigo"* causa mais dano do que apenas nos manter pacificamente convencidos de nossa própria superioridade moral. Quando ignoramos o poder das circunstâncias em subjugar a personalidade, terminamos olhando erroneamente para o caráter de uma pessoa para explicar sua falha em manter um ideal elevado padrão de conduta (o mesmo que nós, sem dúvida, mantemos).[18] E persistimos nessa prática, conhecida como viés da correspondência, mesmo quando sabemos não ser prudente fazê-lo. Estudantes que assistiram ao filme sobre o experimento de Milgram, *Obediência*, cometeram exatamente esse erro.[19] Em vez de reconhecer o inesperado poder da autoridade do pesquisador, recorreram ao velho e mau hábito de presumir que o comportamento de uma pessoa provê uma visão incondicional de sua natureza interior. Os estudantes que assistiram ao filme inferiram que havia sombras escuras e sádicas ocultas nas almas dos participantes na experiência de Milgram. Isto se tornou claro na segunda parte do experimento, quando os estudantes foram informados sobre uma variação da pesquisa de Milgram, na qual os professores tinham liberdade para ajustar o gerador de choques em qualquer nível que quisessem. Solicitados a adivinhar o nível de choque que os professores usariam nessa versão do experimento, eles superestimaram em demasia a intensidade dos choques que os participantes de Milgram de fato aplicaram. Em geral, ao apontar o dedo de culpa para a pessoa e não para

---

* No original, *There but for the grace of God go I*. Esta expressão, cunhada por John Bradford no século XVI, é usada, na língua inglesa, por alguém que fala sobre algo que aconteceu a outra pessoa e que poderia ter acontecido a ele(a) próprio(a). (N.T.)

a situação, os estudantes rotularam injustamente os participantes de "lobos em vez de cordeiros", como o pesquisador relatou.

Também não podemos nos consolar supondo que, em cenários mais familiares do que o de um macabro experimento de psicologia, nos sairíamos melhor na busca do equilíbrio entre escrúpulos e situação. Estudantes bem-informados sobre as descobertas do experimento do bom samaritano insistiram que alguém que tenha passado apressado pelo homem que gemia devia ser alguém com um coração de pedra e não um simples refém de suas urgentes obrigações. Instados a predizer como o participante agiria se tivesse tempo de sobra, eles previram — de maneira incorreta — que, mesmo assim, ele insensivelmente desprezaria a vítima.[20] Esses estudantes não demonstraram mais sensibilidade em relação à forma em que todos somos influenciados por nossa situação atual do que os outros, que tinham um pouco de conhecimento sobre o experimento original.

Nosso descarte irrefletido de como as moderadas pressões do cenário à nossa volta podem moldar nosso comportamento pode fazer, ainda, com que depreciemos os outros de uma forma diferente. E pode fazer com que não tomemos conhecimento da grande força de caráter demonstrada por aquelas raras pessoas que, de fato, conseguem se libertar das limitações impostas por suas particulares situações e circunstâncias. Ao pensar que qualquer pessoa decente (incluindo nós mesmos) teria feito o mesmo, podemos negligenciar a fibra moral demonstrada pelas poucas pessoas que desafiaram os comandos do pesquisador no experimento de Milgram para que continuassem a aplicar choques no aprendiz ou que, embora pressionadas pelo tempo, ainda pararam para ajudar alguém em dificuldade.[21]

A hipocrisia magistral do cérebro imoral exige um certo respeito relutante. Ele preguiçosamente aplica apenas a mais superficial e desabonadora análise das más condutas dos outros, enquanto torce as coisas de trás para frente para assegurá-lo de que você não erra. Sem dúvida, sempre existe a possibilidade de constrangimento quando nos desviamos (como quase sempre fazemos) dos impecáveis padrões éticos em que acreditamos pautar nossa vida. Como já vimos, o cérebro pode, algumas vezes, tratar desta inabilidade fornecendo, com habilidade, desculpas para refutar as irrelevantes falhas em nossa conduta.

No entanto, o que fazer quando não houver circunstâncias mitigadoras óbvias às quais recorrer? Com um pouco de artifício mental, há outras maneiras de reequilibrar o livro-caixa. Quando nos pegamos nos comportando de uma forma que é inconsistente com nosso código moral, em vez de reconhecer nossa duplicidade, podemos, com habilidade, adaptar nossas crenças para fazer com que nosso comportamento afinal pareça satisfatório. Na clássica demonstração dessa prática contábil clandestina em ação, voluntários passaram uma hora tediosa esvaziando e reenchendo bandejas de bobinas e dando quarto de voltas em parafusos em uma tábua,[22] uma vez por outra. Quando a hora finalmente expirou, o pesquisador fez parecer que o estudo havia terminado (embora, na verdade, mal tivesse começado). Empurrando sua cadeira e acendendo um cigarro, ele explicou que, na realidade, dois grupos separados tomavam parte no experimento. Um grupo havia sido informado, por um assistente, que as tarefas que os participantes desempenhariam eram interessantes, intrigantes e excitantes. Ao outro grupo (ao qual os atuais participantes supostamente pertenciam) não foi feita uma introdução semelhante. (Segundo a encenação do experimento, os pesquisadores estavam interessados em como as veementes afirmações feitas na introdução afetariam o desempenho.) Fingindo algum desconforto, o pesquisador perguntou se o participante, que acabava de completar a hora de tédio enlouquecedor, se importaria em tomar o lugar do assistente, que não havia chegado a tempo. Tudo que tinha de fazer, disse o pesquisador, era contar ao próximo participante o divertimento que havia tido com as bobinas e parafusos. A alguns dos participantes foi oferecido um dólar, e a outros, vinte dólares para contar tal mentira.

Quase todos concordaram em ser coniventes com a tramóia do experimento. Aqueles que receberam a oferta de vinte dólares (uma grande soma na década de 1950, quando foi feito esse estudo) acharam que fazia todo sentido contar uma mentira inconseqüente em troca de tão generosa recompensa. Quem não faria o mesmo ou não perdoaria quem fizesse? Todavia, os participantes que receberam a oferta de apenas um dólar não puderam explicar seu comportamento da mesma forma. Não percebendo a sutil pressão posta sobre eles para concordar com a solicitação do pesquisador, foram colocados em uma situação bastante desconfortável. Por um lado, acabaram de gastar uma hora monótona de suas preciosas vidas executando tarefas estupidamente maçantes; por outro, sem nenhuma boa razão aparente, tinham acabado de dizer ao participante seguinte que segurasse seu chapéu, pois a emoção ia começar. Seriam eles de fato o tipo de pessoa que mentiria por um dólar? É claro que não. No entanto, desconfortavelmente inconsistente com esta convicção em seus bons e honestos caracteres, era a consciência da mentira que acabaram de contar. Para tratar desta dissonância cognitiva, como é conhecida, os homens secretamente ajustaram seus sentimentos em relação ao experimento. Quando instados, após esta parte do experimento, a relatar, com toda a honestidade, quão interessante e agradável o haviam achado, aqueles que agarraram seu irrisório um dólar afirmaram que haviam se divertido muito mais do que aqueles com um rolo de vinte estufando o bolso de trás da calça.

Há uma última estratégia disponível para o cérebro imoral quando se trata de sua importante tarefa de abafar, rápida e eficientemente, qualquer apreensão moral que possamos ter. Podemos nos persuadir de que, na realidade, não existe qualquer dimensão ética para a situação em que nos encontramos. Dessa forma, já que não há qualquer obrigação moral a desempenhar, por que nos sentiríamos mal em relação a fazer nada? Por que nenhuma das 38 testemunhas do esfaqueamento fatal de uma jovem mulher no Queens, Nova York, interveio ou chamou a polícia? Porque “achamos que era uma briga de namorados”, disse uma mulher. “Voltei para a cama.”[23] Em cenários dissimulados de laboratório, elaborados para dar a inocentes participantes a oportunidade de exibir sua consciência social, as desculpas apresentadas pelos muitos que permaneceram apaticamente inativos são ainda mais perturbadoras.[24] Pessoas que deixaram de avisar que fumaça enchia uma sala sugeriram que se tratava apenas de névoa ou vapor. Pessoas que não auxiliaram uma mulher que acabara de cair de uma escada alegaram que ela não tinha caído ou não estava verdadeiramente ferida. Será que os apressados participantes do estudo do bom samaritano se convenceram de que o infeliz que tossia e gemia no corredor não precisava mesmo de ajuda? É possível, pois é muito mais confortável pensar dessa forma.

COMO QUALQUER pai sabe, é longa a estrada da alegre primeira infância sem lei até a consumada moralidade da idade adulta. Atualmente, um dos delitos favoritos de meu filho mais velho é rolar o irmão da barriga para as costas. Normalmente é um irmão mais velho doce e afetuoso; porém, quando os olhos paternos se voltam para outra direção, ele cai em tentação e rola o bebê sobre o tapete. O que ele faz a seguir expõe de maneira inconteste sua pueril falta de entendimento das noções adultas de certo e errado. Ele não finge que o bebê merecia aquilo, nem culpa o bebê por ser tão sedutoramente rechonchudo. Ele não se desculpa chamando a atenção para sua pouca idade. Ele não alega que outras crianças, menos complacentes, rolariam o bebê muito mais vezes. Ele nem mesmo parece considerar a possibilidade de sugerir que as lágrimas do bebê são de alegria, e não pelo espanto ao encontrar-se inesperadamente olhando para o teto. Ao contrário, ele faz algo que nenhum cérebro de adulto com amor-próprio permitiria. Ele se autocensura com um grito de "Isaac levado!" e, com verdadeira humildade, se posiciona no canto do castigo.

Ele tem muito que aprender.

CAPÍTULO 4

O Cérebro Iludido

Uma abordagem desleixada da verdade

QUANDO EMINENTES PSIQUIATRAS SE REUNIRAM para discutir uma descrição oficial de ilusão, tiveram grande dificuldade em encontrar uma definição que não tornasse uma grande proporção da população sujeita a tratamento psiquiátrico.[1] Podemos imaginar as cada vez mais frustrantes tentativas de posicionar adequadamente o limite entre sanidade e loucura. A dra. Smith pode dar a partida com sua própria definição de ilusão.

"Sugiro: 'Uma crença falsa.'"

Podemos ver o dr. Brown transpirando de sarcasmo.

"Maravilha! Finalmente devo ser capaz de curar meus pacientes paranóicos instantaneamente: basta acertar as coisas para que sejam processados de maneira correta."

Com perspicácia, a dra. Smith ajusta sua definição original.

"*E*, como eu ia acrescentar, isto deve ser 'uma crença falsa, mantida apesar de evidência em contrário'."

O dr. Brown prossegue inabalável com a zombaria.

"Ah, sei. Como, por exemplo, sua opinião obstinada sobre os efeitos benéficos da psicanálise para maníaco-depressivos!"

A dra. Smith replica na forma mais feroz que os cientistas podem usar.

"Bem, se você pensa que seu recente artigo no *Journal of Psychiatry* devia me ter feito mudar de idéia, eu nem mesmo considero aquilo uma fonte convincente de evidência em contrário!"

Neste ponto, podemos imaginar uma terceira pessoa, vamos chamá-la de dra. Jones, interferindo educadamente.

"Senhores, por favor! Que tal 'uma crença falsa, mantida apesar de incontroversa e óbvia evidência em contrário'?"

E assim por diante até o intervalo para o café.

O problema é que a questão de evidência não ajuda muito. Não se pode provar a pacientes psicóticos que o demônio *não está* de fato transmitindo pensamentos às suas mentes, assim como não se pode provar que os 150 milhões de norte-americanos que acreditam ser possível que alguém seja possuído pelo demônio estão errados. Ou, antes que nações inteiras comecem a escarnecer, os 25 milhões de ingleses que acreditam na comunicação com os mortos. Contudo, não podemos permitir que qualquer um que tenha uma crença comum em fenômenos paranormais seja definido como louco; não haveria psiquiatras em número suficiente para dar conta do serviço. Talvez, por isso, a definição de ilusão carregue, presa a ela, a condição de que deve ser uma crença que quase nenhuma outra pessoa tem. Assim como os pequeninos homens verdes que descem em discos voadores para nos examinar mais de perto, vamos explorar um pouco mais a fundo...

Nossas crenças vão da mais primária à mais extravagante, e muitos de nós, nos dois extremos do espectro, abraçam suas próprias parcelas de distanciamento da realidade. Nosso primeiro problema é que somos, no fundo, cientistas muito ruins. Toda sorte de vieses imiscui-se, despercebida, enquanto formamos e testamos nossas crenças, e estas tendências nos desviam do caminho de modo surpreendente. Sem dúvida, um projeto ignóbil — o desejo de ver evidência para uma crença que preferiríamos manter secreta — pode lançar sua influência prejudicial sobre nossas opiniões. Entretanto, mesmo quando procuramos a verdade, nossas descuidadas coletas de dados e estimativas nos levam a cometer erros deploráveis sobre nós mesmos, sobre outras pessoas e o mundo. Afinal, alucinações, *déjà vu*, premonições, despersonalização e experiências religiosas não são incomuns na população em geral.[2] Acrescentemos a isso nossa inata falta de rigor científico e teremos uma combinação explosiva. E ainda não está exatamente claro o que impede que a maioria de nós ultrapasse a sombria fronteira que separa uma ilusão do dia-a-dia daquela da espécie clínica.

A evidência de que nossos cérebros são iludidos começa com uma pergunta aparentemente inócua: você está feliz com sua vida social? Ou, dito de outra forma: você está infeliz com sua vida social?

Sua resposta, você pode se surpreender ao saber disso, depende muito da maneira como a pergunta é feita. Quando questionadas se estão felizes, em vez de infelizes, com sua vida social, as pessoas relatam uma maior satisfação.[3] A responsabilidade por esta peculiar irracionalidade de nosso autoconhecimento reside no que é conhecido como estratégia do teste positivo. Enquanto contemplamos aquele fascinante emaranhado interior de nossas atitudes, traços de personalidade e habilidades, fazemos perguntas ao nosso oráculo interno para adivinhar o que supomos ser a verdade a respeito de nós mesmos. Estou feliz com minha vida social? Quero manter meu casamento? Serei um bom pai ou uma boa mãe? Este é o ponto em que você peneira seu estoque de autoconhecimento, buscando evidência de que a hipótese em questão está correta. Você recorda aquela festa que desfrutou no último fim de semana. O cuidadoso interesse que seu cônjuge demonstra pelos pequenos problemas em sua vida. Seu notável talento para manipular balões e dar-lhes formas de animais.

No entanto, faça a pergunta da outra maneira, e sua memória produzirá uma pilha muito diferente de evidência. Estou *in*feliz com minha vida social? Agora, você recorda como acha chatos a maioria de seus amigos. Quero o divórcio? Você pensa naquele horrível e silencioso jantar no aniversário de casamento. Serei um mau pai ou uma mãe má? De repente, sua desafortunada tendência a esquecer bens preciosos no ônibus vem à mente. E é por isso que, quando perguntadas se estão felizes — em vez de infelizes — com sua vida social, as pessoas acreditam terem sido mais abençoadas neste aspecto. (A estratégia do teste positivo também é a razão por que você nunca, jamais, deve perguntar "Você não me ama mais?" a alguém com quem queira ficar.)

Usamos a estratégia do teste positivo para testar hipóteses que dizem respeito não apenas a nós mesmos, mas também aos outros, com efeitos similares de distorção. Decisões cruciais podem tender para um lado ou para o outro em conseqüência de algo tão trivial como a forma em que a pergunta foi feita. A opinião das pessoas sobre casos de guarda de crianças, por exemplo, pode ser muito diferente, dependendo se a elas for perguntado "Quem, pai ou mãe, deve ter a guarda da criança?" ou "A quem, pai ou mãe, deve ser negada a guarda da criança?".[4] Neste clássico experimento, um dos genitores — vamos chamá-lo(a) de genitor A — era moderadamente bem qualificado para ter a guarda em todos estes aspectos: renda, saúde, horário de trabalho, relacionamento harmonioso com a criança e vida social. Em contrate, o outro genitor — vamos chamá-lo(a) de genitor B — tinha um perfil mais irregular. Por um lado, o genitor B tinha uma renda acima da média e uma relação muito próxima com a criança. Por outro, o genitor B tinha uma vida social muito intensa, um grande número de viagens de trabalho e pequenos problemas de saúde. Quando perguntadas quem deveria ter a guarda da criança, as pessoas seguiram a estratégia do teste positivo na busca de evidência para estabelecer qual dos genitores seria um bom guardião. Como resultado, as excelentes credenciais do genitor B, no que dizia respeito à renda e ao relacionamento com a criança, venceram as habilidades mais modestas do genitor A nessas frentes, e quase dois terços dos participantes votaram no genitor B como o melhor guardião.

Entretanto, pergunte a quem deve ser *negada* a guarda, e ocorre um desfecho bem diferente. A estratégia do teste positivo mostra as evidências das inadequações do genitor B como guardião: as agitadas vidas social e profissional, assim como os problemas de saúde. Em comparação, uma análise, com a estratégia do teste positivo, do perfil mais pedestre do genitor A não mostrou qualquer forte razão para rejeitá-lo como guardião. Resultado: os participantes decidiram, na sua maioria, negar a guarda ao genitor B.

Você pode se sentir aliviado ao ser assegurado de que a estratégia do teste positivo apenas tem efeito se, em sua mente, existir uma genuína incerteza em relação à questão em consideração. Não fará muita diferença se você perguntar a um(a) feminista se ele(a) aprova (ou desaprova) uma remuneração desigual para homens e mulheres. Mesmo assim, a implicação da pesquisa sobre a estratégia do teste positivo é bastante preocupante, pois sugere que muitas das difíceis decisões em nossas vidas, baseadas em nossas deduções a respeito de nós mesmos e dos outros, talvez pudessem ter tendido para o outro lado caso as tivéssemos considerado sob ângulo oposto.

Uma outra ferramenta defeituosa em todas as nossas caixas pessoais de ferramentas científicas é o software cerebral que usamos para identificar correlações. Correlação é o que posta mensagens de aviso em maços de cigarros. Há muitos octogenários fumando dois maços por dia, mas, em geral, quanto mais você fuma, maior é a probabilidade de que o macabro anjo da morte aponte a foice em sua direção cedo, em vez de tarde. Mas é óbvio que, se *todos* os fumantes morressem instantaneamente de câncer do pulmão, talvez as companhias de tabaco não tivessem conseguido enganar tantos de nós por tanto tempo com a idéia de que fumar era um passatempo inofensivo. Contudo, como a natureza é desordenada e complicada, correlações são difíceis de ser identificadas visualmente. Uma análise estatística foi necessária para apontar a relação entre o hábito de fumar e o câncer.

Você pode não querer culpar seu cérebro por não vir equipado com toda a funcionalidade de um programa de análise estatística. Entretanto, você *pode* querer ficar um pouco zangado com o hábito pouco apreciável de seu cérebro de forjar resultados estatísticos. Seu cérebro tem uma tendência sorrateira para ver as correlações que espera ver, mas que de fato não existem. Isto é chamado correlação ilusória, e a clássica demonstração desta correlação em ação foi fornecida há tempos, em 1969, usando o teste do borrão de tinta de Rorschach.[5] Naquela época, os borrões de tinta de Rorschach estavam muito em voga como uma ferramenta de diagnóstico para a psicanálise. A idéia por trás desse antigo e infame teste é de que aquilo que você vê nas cuidadosamente elaboradas manchas de tinta revela ao psicanalista algumas bem-escondidas barbaridades de sua psique. Enquanto você, inocentemente, identifica borboletas e monstros, achando que aquilo é uma forma agradável de quebrar o gelo antes que o trabalho verdadeiro comece, o psicanalista ouve o doce tilintar da caixa registradora da terapia.

Nos anos 1960, quando esse experimento foi realizado, a homossexualidade ainda era considerada uma doença mental, e os terapeutas tinham toda sorte de idéias em relação ao que homossexuais tenderiam a ver nos borrões de tinta. Os pesquisadores inquiriram 32 experientes psicólogos clínicos, perguntando-lhes o que tinham observado em seus clientes homossexuais quando usaram os borrões de tinta. Quase a metade dos psicólogos clínicos disse que esses pacientes tinham a tendência de ver "conteúdo anal", para usar a infelizmente evocativa frase utilizada nesse campo. Entretanto, mesmo naquela época, a pesquisa científica mostrou que não existia essa relação: homens homossexuais não demonstram maior probabilidade de ver traseiros nos borrões que heterossexuais. Para tentar entender por que os psicólogos clínicos cometiam esse erro, os pesquisadores forneceram alguns falsos relatos de experiências clínicas a estudantes do primeiro ano de psicologia. Os estudantes leram os relatos de 30 casos fictícios, como o do exemplo a seguir. Cada relatório mostrava primeiro um borrão de tinta e, a seguir, o que o paciente alegava ter visto no borrão de tinta (neste exemplo, a traseira de um cavalo), assim como uma descrição dos dois principais sintomas emocionais do paciente. (Lembre-se, estamos abordando uma época em que a homossexualidade era considerada uma doença mental.)

Os relatórios foram habilmente elaborados para assegurar que nenhum apresentasse qualquer correlação entre ter sentimentos homossexuais e ver algo relacionado a traseiros. Contudo, quando os pesquisadores perguntaram aos estudantes se haviam notado qualquer relação entre tendências homossexuais e a visão de determinados tipos de coisas nos borrões, mais da metade dos estudantes relataram ver uma correlação com traseiros. Os estudantes viram exatamente a mesma correlação ilusória que os experientes psicólogos clínicos. Em resumo, viram o que não existia. Na verdade, essa crença errônea persistiu mesmo quando, em outra ocasião, os relatórios foram ajustados, de modo que homossexuais tinham *menor* probabilidade de relatar conteúdo anal que clientes heterossexuais.

PACIENTE X

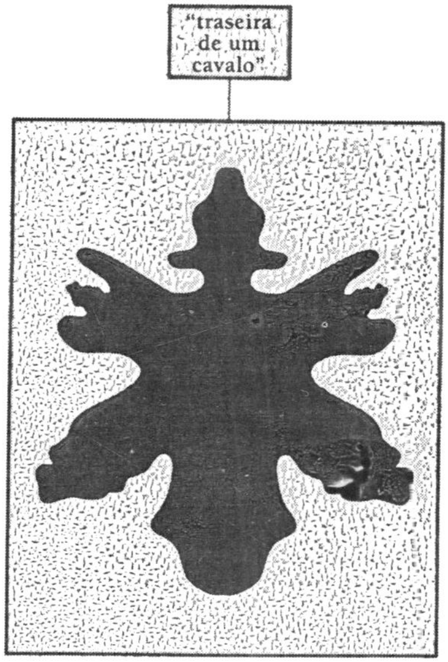

O homem que disse isto:
Tem fortes sentimentos de inferioridade.
Sente-se sexualmente atraído por outros homens.

RELATÓRIO DO EXPERIMENTO
DE CORRELAÇÃO ILUSÓRIA.
Nota: por razões de direitos autorais, o borrão de tinta acima não é um genuíno borrão de tinta de Rorschach e foi criado para este livro apenas para fins ilustrativos.

Este experimento deve ter feito os psicólogos clínicos corar sob as barbas. (Era o alvorecer dos anos 1970, e eles eram psicanalistas: é claro que tinham barbas.) Apesar dos vários anos de experiência profissional, os psicólogos clínicos demonstraram trabalhar com as mesmas hipóteses simplórias e errôneas que os estudantes do primeiro ano de psicologia desenvolveram durante um experimento de 30 minutos. A razão para isso era a correlação ilusória. Na superfície, parecia uma hipótese plausível. Homens gays falando sobre traseiros: quem precisa do dr. Freud para explicar isso? Com uma hipótese ilusoriamente convincente em sua cabeça, basta um pequeno passo para que seu cérebro comece a ver evidência para aquela hipótese. Sua pobre e iludida matéria cinzenta vê o que espera ver, não o que existe realmente. A moral? Trate com a maior desconfiança a prova de seus próprios olhos.

Nossas memórias também justificam um cauteloso ceticismo, pois elas podem sucumbir diante de nossas expectativas errôneas. Por exemplo, após freqüentar um daqueles cursos sobre habilidade de estudo com freqüência oferecidos por universidades, podemos esperar com ansiedade por melhorias em nossa concentração, capacidade de tomar notas, leitura, estudo e habilidades de organizar o trabalho. Estudantes que se preparavam para iniciar um programa de habilidade de estudo de três semanas foram solicitados a avaliar suas habilidades de estudo antes e depois do curso.[6] Estudantes com habilidades similares, que foram colocados em uma lista de espera para esse popular programa de auto-aprimoramento, foram instados a fazer o mesmo. Então, depois que o primeiro grupo completou o curso, os dois grupos foram convidados a dizer se achavam que seus talentos para o estudo haviam sido aprimorados durante o período do programa. (A única habilidade que os estudantes na lista de espera puderam praticar durante esse tempo foi, sem dúvida, a de esperar.) Os estudantes também foram instados a recordar, tão precisamente quanto possível, como haviam avaliado as mesmas habilidades três semanas antes. Com suas cabeças cheias de dicas espertas de leitura dinâmica, audição potencializada e mapas mentais, os estudantes que acabaram de completar o programa estavam confiantes de que agora formavam uma classe superior de estudiosos. No entanto, curiosamente, não se saíram melhor nas provas que se seguiram e exames finais do que os estudantes da lista de espera, não iniciados nos segredos do estudo acelerado de última hora. Dessa forma, como é que puderam se convencer de um real aumento nas habilidades? Embora o curso fosse ineficaz, eles conseguiram persuadir-se exagerando a pobreza de suas habilidades de estudo antes do programa: recordaram terem se dado notas mais baixas do que se deram na realidade. Em outras palavras, pela destreza da memória, deram-se uma pequena folga adicional para aprimoramento.

Não terminou aí o conluio da memória com a esperança jovial e otimista. Seis meses mais tarde, um pesquisador retornou para saber a respeito do desempenho acadêmico dos estudantes após o curso. Tão desejosas estavam as memórias dos estudantes de harmonizarem-se com suas grandes expectativas em relação ao curso de habilidade de estudo, que eles (ao contrário dos estudantes que ficaram na lista de espera) recordaram ter tido desempenho melhor que o real. Trabalhando com a hipótese de que as técnicas que dominaram com presteza durante o curso devem tê-los ajudado em suas notas, produziram evidência para prová-la. Os pesquisadores especularam que esse tipo de reescrita útil da história pessoal para ajustá-la às expectativas de auto-aprimoramento das pessoas pode explicar a duradoura popularidade de programas de auto-ajuda de duvidoso valor objetivo.

Um problema adicional de nossas crenças (que é o tópico do próximo capítulo) é a lealdade irracional que demonstramos em relação a elas. Uma vez adquiridas, até mesmo as crenças mais equivocadas desfrutam um imerecido grau de proteção contra rejeição ou revisão. Assim, com nossa propensão para procurar evidência que apóie qualquer que seja a hipótese que estejamos abraçando, com nossa predileção por apenas inventar evidência de apoio e com nossa obstinada retenção de crenças, é fácil verificar como nossas fraudulentas estratégias científicas podem ter conseqüências desastrosas. Tudo isto é um mau presságio da exatidão das crenças a que somos levados.[7] Contudo, essas distorções se tornam insignificantes quando comparadas às ilusões clínicas. Imaginar-se um pouco menos feliz com sua vida social do que na realidade não está no mesmo patamar que se acreditar morto (a ilusão de Cotard, descrita no Capítulo 2). Tornar-se presa de uma correlação ilusória entre seus humores e seu ciclo menstrual[8] simplesmente não se compara com a crença ilusória de que seus pensamentos estão sendo controlados pelo demônio. Julgar de maneira equivocada a aptidão de seu cônjuge para manter-se no papel de sua companhia para o resto da vida nem de longe se compara com a crença, conhecida como ilusão de Capgras, de que seu cônjuge (ou outro membro da família) foi substituído por um alienígena, robô ou clone.

As falsas crenças de pacientes de ilusão são simplesmente de uma ordem de magnitude diferente de nossas modestas concepções equivocadas. Todavia, tem sido muito difícil determinar qual é a diferença entre, digamos, a paciente de Capgras

— que tem a convicção de que o marido foi substituído por um robô — e a pessoa que não vai além da ocasional fantasia em relação às alegrias de ter uma esposa como Amélia.* Até recentemente, a comunidade psicanalítica tinha uma visão especial da ilusão de Capgras. Segundo sua forma de ver a ilusão, os sentimentos subconscientes de ambivalência em relação a um membro da família seriam resolvidos de forma conveniente pela crença de que a pessoa havia sido substituída por um impostor. *Voilà!* Uma desculpa *bona fide* para não mais amar a mãe. Entretanto, o progresso recente na neuropsiquiatria cognitiva colocou outras ferramentas na oficina da psicodinâmica.[9] Primeiro, pacientes de Capgras em geral exibem sinais de lesão cerebral, o que sugere que não é apenas uma ação do subconsciente. Além disso, alguns também alegam que bens pessoais foram substituídos — é difícil descrever de forma convincente o ódio subconsciente que um paciente demonstra em relação a seu relógio (ou, como em um caso curioso, um tubo de *Spackle***).[10]

---

* No original, *Stepford spouse. The Stepford wives* é o título de um romance publicado por Ira Levin em 1972. No Brasil, o romance recebeu originalmente o título *As possuídas* e, mais recentemente, *Mulheres perfeitas* (Bertrand Brasil, 2004). O romance teve duas adaptações para o cinema, em 1975 e em 2004. No Brasil, a primeira recebeu o título *Esposas em conflito*, e a segunda, *Mulheres perfeitas*. O enredo trata de homens casados da fictícia cidade de Stepford e de suas submissas, belíssimas e robotizadas esposas. O termo *esposa de Stepford* ultrapassou os limites da ficção e foi incorporado à língua inglesa, sendo usualmente aplicado a uma mulher que parece se conformar cegamente a um papel de subserviência no casamento. (N.T.)

** *Spackle* é uma pasta usada para preencher buracos, ranhuras ou pequenas falhas na superfície de madeira, gesso etc. (N.T.)

Assim, uma excitante descoberta foi feita: pacientes de Capgras não são emocionalmente estimulados por pessoas familiares.[11] Normalmente, quando você vê alguém conhecido, a resposta de condutância de sua pele aumenta, indicando que a pessoa tem alguma significância emocional para você. No entanto, pacientes de Capgras não produzem esse bulício emocional. Seria esta a chave de sua ilusão? Alguns psicólogos sugeriram que sim. Pacientes de Capgras reconhecem a pessoa à sua frente ("Bem, com certeza se parece *com* meu marido..."), mas, devido à lesão cerebral, não têm qualquer picada emocional com a experiência ("...mas não parece *ser* o meu marido."). Para explicar esta estranha deficiência emocional, os pacientes concluem que a pessoa à sua frente deve ser algum tipo de impostor.[12] Em outras palavras, pelo menos parte da razão por que nunca aconteceu de você acordar uma manhã, olhar para seu cônjuge e vasculhar o quarto em busca da nave espacial em que veio essa pessoa deitada a seu lado é que seu cérebro está intacto. Você pode não ser levado a um ataque de paixão, mas ao menos produz o mínimo nível de suor exigido quando vê o rosto de seu cônjuge.

Contudo, será essa realmente toda a história? A crença de Capgras é tão irracional, tão impossível, tão (digamos tudo) lunática, que é difícil entender por que os próprios pacientes não rejeitam de imediato, por ser absurdamente sem sentido, a idéia de que seu marido, ou esposa, tenha sido substituído(a) por um alienígena. Em particular porque os próprios pacientes podem ser inteligentemente coerentes e bem conscientes de como sua asserção deforma a credulidade.[13] Mesmo assim, com extrema educação afirmam que, em seus casos, acontece de ser verdadeiro. O que é que empurra os pacientes de ilusão para o abismo?

De acordo com uma idéia, parte do problema de pacientes de ilusão é serem piores cientistas do dia-a-dia que nós. Uma hipótese segundo essa linha sustenta que pacientes de ilusão tiram conclusões muito rapidamente.[14] Em vez de colher uma quantidade razoável de dados antes de formar uma crença, os pacientes de ilusão, diante da mais frágil evidência, agarram sem refletir conclusões semiprontas. Intuitivamente, isso faz sentido. Afinal, quanta evidência um paciente de Capgras pode na verdade obter para a alegação de que sua esposa foi substituída por um robô? O experimento clássico usado para testar a hipótese de conclusões apressadas é conhecido como a tarefa das bolinhas.[15] Siga as instruções e faça você mesmo uma tentativa — se ousar.

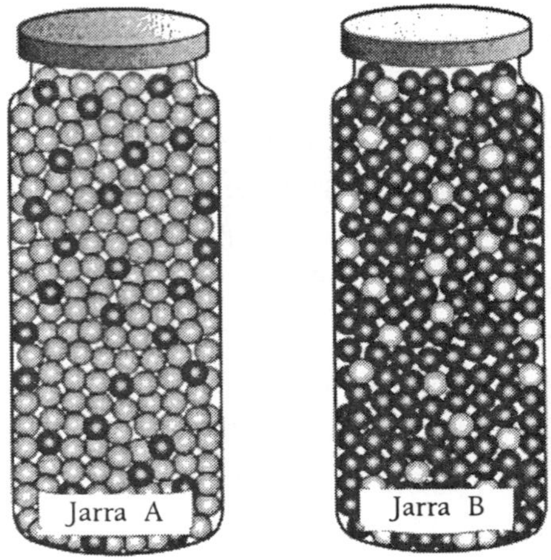

Aqui estão duas jarras com bolinhas: A e B. A jarra A tem 85 bolinhas brancas e 15 bolinhas pretas. A jarra B tem 85 bolinhas pretas e 15 bolinhas brancas. A cada vez, bolinhas serão retiradas de uma mesma jarra. Sua tarefa consiste em determinar de qual jarra as bolinhas estão sendo retiradas. Você pode tirar quantas bolinhas quiser para ter certeza absoluta de qual jarra foi escolhida.

Na página seguinte, encontra-se uma lista das bolinhas retiradas da jarra misteriosa. Coloque sua mão sobre a lista. E, quando estiver pronto, deslize sua mão para baixo até que tenha visto bolinhas suficientes para ter certeza de qual jarra foram retiradas. A seguir, conte o número de bolinhas que viu e vá para a próxima página.

LEMBRETE

Jarra A: bolinhas brancas, principalmente.
Jarra B: bolinhas pretas, principalmente.

bolinha preta
bolinha preta
bolinha preta
bolinha branca
bolinha preta
bolinha preta
bolinha preta
bolinha preta
bolinha preta
bolinha branca
bolinha branca

Nestes estudos, em geral, as pessoas pedem três ou quatro bolinhas antes que se sintam confiantes o suficiente para dizer que as bolinhas estão sendo retiradas da jarra B (você escolheu a jarra B, espero). É provável que seja um número próximo do que você escolheria. Entretanto, aos olhos de um estatístico, você teria olhado bolinha após bolinha por um período de tempo pateticamente cauteloso. Após a primeira bolinha preta, a probabilidade de a bolinha vir da jarra B é de impressionantes 85%. Após a segunda bolinha preta, isto sobe para 97%. Neste ponto, o estatístico afirma ter visto o suficiente e empurra com impaciência a jarra para longe. Você e eu, no entanto, continuamos com a próxima bolinha, e a próxima, para obtermos aquela pequena probabilidade adicional de estarmos certos. Em contraste, pessoas que sofrem de ilusão solicitam apenas cerca de duas bolinhas antes de tomar a decisão. Em outras palavras, elas são melhores "cientistas" que nós.[16] Retornemos à prancheta de projeto.

Mas espere! Em um estudo sobre tudo que pode dar errado com o pensamento, os professores Wason e Johnson-Laird descrevem o "comportamento da repetição, asseveração, autocontradição, completa rejeição do fato e ritualístico" que observaram em um grupo de pessoas cujo raciocínio era tão pobre que pensaram ter material suficiente para um capítulo de livro intitulado simplesmente "Patologia de raciocínio".[17] Isto parece promissor. Aqui está uma das tarefas: os participantes foram informados de que a seqüência de três números (chamada tríade) 2, 4, 6 satisfazia uma simples regra racional escolhida pelo pesquisador. A tarefa de cada participante consistia em descobrir a regra oferecida por seu particular padrão de três números. Após cada tríade, eles foram informados se esta satisfazia ou não a regra. As pessoas foram instadas a declarar suas hipóteses a respeito da regra quando se sentissem confiantes de que estavam certas. A regra era que o número tinha de aumentar seqüencialmente (ou, como os professores preferiram, "Os números aumentam em ordem de magnitude"). Parecia impossível ser mais simples. (Como o professor Johnson-Laird pode muito bem ter comentado com seu colega: "Elementar, meu caro Watson.") Contudo, examine o atormentado desempenho da pessoa que proferiu três hipóteses cada vez mais complicadas, antes de desistir, derrotada, quase uma hora mais tarde (alguns exemplos de tríades são dados antes da hipótese):

8 13 15 [correto]
1 2031 2033 [correto]
"A regra é que o primeiro e o segundo números são aleatórios, e o terceiro é o segundo mais dois."

4 5 7 [correto]
9 5 7 [incorreto]
263 364 366 [correto]
"A regra é que o primeiro e o segundo números são aleatórios, mas o primeiro é menor que o segundo, e o terceiro é o segundo mais dois."

41 43 42 [incorreto]
41 43 67 [correto]
67 43 45 [incorreto]
"A regra é que o primeiro e o segundo números são aleatórios, e o primeiro número é igual ao segundo menos dois, e o tercei-

ro é aleatório, mas maior que o segundo, ou o terceiro número é igual ao segundo mais dois, e o primeiro é aleatório, mas menor que o segundo."

Que conclusões os professores Wason e Johnson-Laird tiraram dessas confusas conjecturas? "Não é difícil detectar fortes características obsessivas...", comentam eles. "Ele apresenta apenas três formulações... em um período de 50 minutos e, por fim, chega a uma complexa disjunção que, basicamente, preserva os remanescentes das hipóteses anteriores. Estas são indicações fortes de que sua fértil imaginação e uma intensa preocupação com hipóteses originais estreitaram seu campo de avaliação de tal forma que ele se tornou cego ao óbvio."

Bem! Cego ao óbvio, hein? Isto descreve pacientes de ilusão da cabeça aos pés! Eles metem na cabeça que sua esposa é uma substituição clonada, e nada os convencerá do contrário. Será que Wason e Johnson-Laird descobriram a pedra filosofal de uma anormalidade de raciocínio em pacientes com ilusão? Parece que sim, mas de um pequeno problema: nenhum dos participantes era doente mental. Tinham condições psicológicas de tinir. No exemplo particular que descrevi, o voluntário era um estudante de graduação da Universidade Stanford.

Na verdade, os pacientes de ilusão tendiam, em geral, a sair-se tão bem (ou tão mal) como nós em testes de raciocínio.[18] Isto resultou em um mal-humorado debate acadêmico. Todos concordam que os pacientes de ilusão têm, com freqüência, uma experiência muito estranha que devem tentar explicar: o paciente de Capgras deve explicar por que sua esposa não mais lhe parece familiar; o paciente de Cotard deve esclarecer o opressivo distanciamento de seu sentido do eu.

No entanto, de um lado do debate estavam pesquisadores que achavam óbvio que devia haver algo peculiar nas habilidades de raciocínio de uma pessoa que crê, por exemplo, que ela própria não existe. De que outra maneira poderia manter uma crença tão fantástica?[19] Contudo, outros, em resposta, apenas acenavam com largueza em direção ao volumoso testemunho à triste irracionalidade do cérebro sadio e perguntavam: o que mais é necessário?[20]

A idéia de que não somos mais racionais do que os portadores da patologia de ilusão pode não agradar muito a nossa vaidade; no entanto, esta intrigante possibilidade permanece. "As sementes da loucura podem ser plantadas no quintal de qualquer um", é o que diz o psicólogo Philip Zimbardo, que, com uma metafórica colher de jardineiro na mão, tem cavado bastante por evidência para provar esta hipótese.[21] Os quintais que ele escolheu foram os de 50 felizes, saudáveis e altamente hipnotizáveis estudantes de Stanford. A semente de loucura plantada foi a da peculiar sensação de sentir-se estranha e inexplicavelmente excitado. Zimbardo conseguiu isso hipnotizando seus voluntários. Uma vez em um estado hipnótico, os estudantes foram instruídos para que, quando ouvissem um sinal, agissem como se estivessem excitados. Seus corações começaram a acelerar, e eles passaram a respirar mais rápido. Alguns dos estudantes foram informados de que, obviamente, recordariam que se sentiram dessa forma por conta da sugestão hipnótica que haviam acabado de receber. Outros estudantes, no entanto, na condição amnésica, foram informados pelo pesquisador mesmerizador que não teriam qualquer lembrança de por que se sentiram agitados, mas deveriam pensar em possíveis explicações para sua agitação. A eles foi dada uma pequena dica de qual poderia ser a causa; a eles foram oferecidos alguns dos tipos de explicações que usamos com freqüência para justificar nossas sensações e emoções. A alguns foi dito que poderia ter sido algo relacionado ao ambiente local. Outros foram instados a considerar seus corpos como possível causa das perturbações internas. A um outro grupo o pesquisador sugeriu que a explicação poderia estar relacionada a outras pessoas.

Como vimos no Capítulo 2, não temos qualquer informação privilegiada de por que nos sentimos emocionalmente excitados. Nossa agitação não vem pré-identificada — devemos casá-la com uma causa provável. Se você desconhecer a verdadeira causa de seus sentimentos de agitação (o garçom se esqueceu que você pediu um descafeinado) ou preferir ignorá-la (por não estar mais na flor da juventude, qualquer ladeirinha o deixa sem fôlego), você aceitará qualquer outra explicação que pareça plausível. Segundo Zimbardo, esse é, em potencial, o caminho da loucura. Os estudantes hipnotizados tornaram-se excitados assim que ouviram o sinal. A seguir, foram submetidos a diversos testes psicológicos bem conhecidos e elaborados para posicionar grosseiramente o estado mental do voluntário na linha entre sanidade e loucura. Por fim, e ainda sob sugestão hipnótica, conversaram com o pesquisador, durante um quarto de hora, sobre como se sentiam e por que poderiam se sentir daquela maneira. Essa entrevista foi filmada e, depois, assistida por dez psicólogos clínicos (que nada sabiam do experimento), que examinaram o comportamento e a fala dos estudantes em busca de sinais que indicassem desarranjo mental.

De maneira previsível, os voluntários que foram permitidos a lembrar-se do porquê de terem se sentido excitados trataram do experimento com sadia equanimidade. Os voluntários amnésicos, no entanto, que não dispunham de qualquer gancho onde pendurar seus sentimentos, tiveram dificuldade para tratar da situação. Os estudantes de Stanford, cuja sugestão hipnótica incluía um indicador de que o ambiente poderia guardar a chave, vasculharam e olharam à sua volta como ratos apavorados. "Acho que o cheiro do projetor me deixou enjoado... o cheiro de tinta... cheiro de tinta, não... talvez o ar quente" era um tipo comum de especulação para as pessoas desse grupo. A excitação inexplicável, junto com o indicador para o ambiente, os fez sentir que o ambiente estava carregado de perigo: suas notas, em uma escala de pensamentos fóbicos, foram as mesmas de pacientes que sofriam de fobias clínicas crônicas. Os estudantes que foram encorajados a procurar uma explicação em seu corpo, na verdade, superaram hipocondríacos clínicos (cujas preocupações corpóreas dão a eles um diagnóstico psiquiátrico) em um questionário sobre preocupações com o corpo. "Meus músculos estão um pouco retesados e tenho uma dor de cabeça... acho que foi por causa da aula de natação de hoje de manhã... ou talvez porque andei a cavalo" foram os pensamentos de um estudante jogado na fixação corporal pela manipulação experimental.

Contudo, a sugestão para focar outras pessoas foi a que parece ter disparado as respostas mais extremas. Estudantes que a receberam se tornaram paranóicos, hostis e vingativos, de acordo com os psicólogos clínicos que viram as entrevistas filmadas. Apesar de estarem sozinhos no laboratório quando ficaram excitados, eles atribuíram a excitação a discussões recentes, ao ciúme, à raiva em relação a outros. De fato, o comportamento desses estudantes foi tão incomum que os clínicos profissionais diagnosticaram, com confiança, 80% deles como patologicamente perturbados, classificando-os oficialmente como doentes mentais. Desorientados e perturbados, os voluntários desse experimento (e de outros similares) "se tornaram desarticulados, confusos, hiperativos, bateram com raiva na mesa, ficaram assustados, puseram-se a descascar uma ferida ou desenvolveram um incontrolável tique muscular". Todavia, segundos mais tarde, quando a lembrança da sugestão hipnótica foi restaurada, a "loucura" cessou. Após a confusão temporária, os voluntários sorriram e gargalharam, espantados com a estranheza das idéias que tiveram. Nenhum dano foi feito. Entretanto, é claro que, na ausência de um pesquisador perspicaz para, em um passe de mágica, diluir as fontes de suas desorientações, as sementes da insanidade criam raízes e florescem.

Esse não é um experimento que nos transmite segurança, pois expõe de tal forma as perturbadoras facilidade e rapidez com que cérebros (até mesmo inteligentes e instruídos cérebros de Stanford) podem abraçar teorias que, na verdade, não têm fundamento. (Também podemos franzir a testa diante da diligência com que os psicólogos clínicos diagnosticaram sintomas em uma proporção substancial desses jovens momentaneamente desnorteados.) Também é desinquietadora a poderosa ruptura mental provocada por algo que parece suficientemente provável de acontecer com qualquer um de nós em algum ponto de nossas vidas — um inexplicável sentimento de intensa excitação. Se isso acontecesse, o que evitaria que nós, pessoas sãs, desenvolvêssemos o pavor irracional do paciente de fobia, a fixação patológica de uma condição clínica de ilusão ou as suspeitas desvairadas do paranóico?[22] De repente, estas crenças patológicas parecem distar apenas um passo das inofensivas aranhas ou preocupações infundadas a respeito de dores e pontadas mistificadoras que muitos de nós tentamos evitar ou das intrigantes teorias que temos sobre as motivações de nossos amigos, parentes e colegas.

Contudo, não devemos abandonar nosso senso de superioridade racional tão facilmente. Afinal, os psiquiatras reconhecem que algumas ilusões (da espécie não esquisita) são crenças em situações da vida real que *poderiam* ser verdadeiras (algumas pessoas *realmente* se tornam doentes terminais, por exemplo, e algumas pessoas *são* alvo de conspiração), mas que resultam sem fundamento ou muito exageradas. Todavia, o que dizer daquelas ilusões esquisitas que não têm um pé na realidade? Sua esposa foi substituída por um robô. Você está morto. Alienígenas controlam seus pensamentos. É verdade que alguma fiação dentro do cérebro pode apresentar defeito e deixar esses pacientes com experiências que são totalmente fora do comum. No entanto, será este o único problema? Consideremos, por exemplo, a ilusão de controle quase sempre exibida por pacientes com esquizofrenia. Eles acreditam que seus pensamentos, ações e impulsos estão sendo controlados por forças externas, como um alienígena ou radar. Alguns pesquisadores acham que o problema reside na inabilidade do paciente em vigiar as próprias intenções: pentear o cabelo, mexer o chá, pegar uma caneta.[23] Isto significa que o paciente não é mais capaz de perceber a diferença entre ações que ele próprio desejou e ações que são feitas a ele. Como não é capaz de casar uma ação com sua intenção de executá-la, ele sente como se a ação tivesse causa externa. Lutando para explicar esta estranha experiência, o paciente decide que, agora, algum agente externo o está comandando. Alienígenas manipulam sua mente.

Isto não parece o tipo de hipótese que alguém com faculdades de raciocínio intactas consideraria sequer por um momento. A idéia de que um alienígena esteja controlando seu cérebro vai direto para a caixa marcada como "Apenas Pessoas Loucas". Certo? No entanto, considere o que chamarei de experimento da "mão alienígena".[24] Voluntários (dinamarqueses normais e mentalmente sadios) executaram uma tarefa em que tinham de rastrear um alvo com um controle remoto e podiam ver em um monitor como estavam se saindo. Entretanto, em algumas tentativas, sem seu conhecimento e por meio de um engenhoso estratagema, os voluntários viram uma falsa mão em vez de sua própria. Essa mão se movia em sincronia com a mão do voluntário, mas foi deliberadamente projetada para errar o alvo. A mão não fazia exatamente o que os voluntários ordenavam que suas próprias mãos fizessem. Após o experimento, os voluntários foram instados a explicar o fraco desempenho nessas tentativas. Aqui estão alguns exemplos de explicações dadas por dinamarqueses saudáveis:

> Foi feito por mágica.
> Minha mão ficou independente, e minha mente não conseguia mais controlá-la.
> Fui hipnotizado.
> Esforcei-me em fazer minha mão se mover para a esquerda, mas ela esforçou-se mais ainda e conseguiu me superar, movendo-se para a direita.

> Minha mão foi controlada por uma força física externa — não sei o que era, mas podia senti-la.

Lembre-se, essas eram pessoas normais, psiquiatricamente saudáveis, que experimentaram uma pequena e breve discrepância entre seus comandos motores e suas experiências perceptivas. Isto não é nada em comparação com as sempre perturbadoras experiências dos pacientes de esquizofrenia. Contudo, foi o suficiente para que pelo menos alguns dinamarqueses mentalmente sadios, que participaram do experimento, invocassem os poderes de hipnose, mágica e forças externas para explicar a modesta teimosia de um simples apêndice.

As imaginosas explicações elaboradas pelos voluntários no experimento da mão alienígena podem parecer surpreendentes. No entanto, cerca de metade da população psiquiatricamente saudável em geral crê nos poderes de fenômenos paranormais, tais como bruxaria, vodu, ocultismo ou telepatia.[25] Por que não em forças alienígenas? Metade do público norte-americano afirma crer que alienígenas abduziram humanos. Presumivelmente, esses 150 milhões de pessoas não teriam motivos para pensar que extraterrestres que arrebatam corpos se recusariam a interferir com um experimento de psicologia dinamarquês.[26]

A freqüência de experiências incomuns em nossas vidas cotidianas pode contribuir para explicar a popularidade de crenças esquisitas. Na verdade, experiências estranhas, do tipo que pacientes de ilusão clínica têm, são bastante comuns na população em geral. Em uma pesquisa recente, participantes mentalmente saudáveis foram questionados a respeito de experiências incomuns que pudessem ter tido; a eles foi oferecida uma lista de 40 ilusões baseadas em ilusões clínicas reais.[27] Por exemplo, a eles era perguntado "Alguma vez seus pensamentos pareceram, de alguma forma, estranhos a você?" ou "Alguma vez seus pensamentos foram tão vívidos que você receou que outras pessoas poderiam ouvi-los?". O participante típico admitiu ter tido mais de 60% destas experiências de ilusão. Mais que isso, um em cada dez participantes relatou ter tido *mais* destas experiências que um grupo de pacientes psicóticos que realmente sofriam de ilusões patológicas. Combinemos essas experiências estranhas comuns da população em geral com a desafortunada irracionalidade de um cérebro sadio — sua abordagem polarizada e não-científica de avaliar hipóteses — e começaremos a entender a fusão da linha entre ilusões patológicas e o cérebro iludido normal.

Em nenhum outro ponto, talvez, essa fronteira se torne mais obscura do que quando as crenças são baseadas em experiências religiosas. Sem alguma subjetivação, a diferenciação entre fé e insanidade é uma tarefa complicada.[28] Profissionais de saúde mental não se ocupam do cristão devoto que teve a felicidade de experimentar a presença de Jesus. No entanto, se a identidade desta presença for a de Elvis, em vez da do filho de Deus, testas começam a se franzir. Enquanto católicos podem livremente contar a psiquiatras que sua crença em Deus lhes dá força para seguirem o modo católico de vida, mórmons devem pensar bem antes de revelarem suas convicções de que serão transformados em um deus após a morte. É aceitável receber ajuda de uma entidade sobrenatural, mas não aspirar *ser* uma.

* * *

APESAR DE NOSSA irracionalidade, apesar das esquisitices de nossas experiências, mesmo assim, a maioria de nós consegue permanecer *compos mentis*. Contudo, como este capítulo mostrou, ainda não está claro o que evita que sementes da loucura germinem em nossas mentes. Não parece, certamente, que temos uma racionalidade afiada a agradecer por cortar de um só golpe qualquer muda de insanidade que tente brotar. Talvez, em alguns casos, nossas experiências estranhas sejam menos intensas, menos convincentes, que aquelas vividas por pessoas que terminam desenvolvendo ilusões do tipo clínico.[29] Em outros casos, ainda, nossa personalidade, estado emocional ou situação social nos dão maior força para lidar com as experiências incomuns e evitam que procuremos ajuda psiquiátrica.[30] E, algumas vezes, talvez, a bênção que nos salva de um diagnóstico psiquiátrico nada mais é do que o fato de que milhões de outras pessoas compartilham nossa ilusão.

CAPÍTULO 5

O Cérebro Cabeça-Dura

A lealdade levada muito longe

A RESPEITO DO utensílio adequado para escorrer espaguetes, meu marido demonstra uma teimosia desconcertante. Ele insiste que o escorredor de macarrão é a escolha apropriada, apesar da comprovada facilidade com que os fios escapam pelos furos. É claro que uma peneira, com sua malha mais fina, é um utensílio superior para essa tarefa. Contudo, apesar da cegueira completa quanto ao empapado emaranhado de espaguete que entope o ralo da pia após ter usado *seu* método, meu marido afirma ser capaz de observar moléculas de amido presas à malha da peneira mesmo semanas após eu ter escolhido usá-la. Temos discussões surpreendentemente longas sobre esse assunto; aqui, fiz apenas um brevíssimo resumo. Todavia, apesar de quatros anos de casamento, o problema permanece sem solução. Com isso, é claro, quero dizer que meu marido ainda não se deu conta de que estou certa.

O simples poder de permanência desse tipo de desentendimento é nosso velho conhecido. Posso predizer, com certeza, que, até que alguém invente um híbrido de escorredor de macarrão e peneira, não poderemos servir espaguete aos nossos convidados. O escritor David Sedaris, ao descrever uma discussão com um amigo sobre a dúvida se a mão artificial de outra pessoa era feita de plástico ou de borracha, também não prevê o fim desta discussão:

> "Soube que vocês brigaram por causa de uma mão de plástico", as pessoas poderiam dizer, e minha raiva se auto-renovaria. A discussão continuaria até que um de nós morresse e, mesmo assim, permaneceria. Se eu morresse primeiro, em meu túmulo estaria escrito ERA DE BORRACHA. Ele provavelmente ocuparia a tumba vizinha e compraria uma lápide maior, na qual estaria escrito NÃO, ERA DE PLÁSTICO.[1]

O que torna nossos cérebros tão leais às suas crenças? Vimos no Capítulo 1 como evitamos que uma informação indesejável sobre nós mesmos desinfle nossos egos. Os mesmos tipos de truques que nos mantêm presunçosos também estão por trás de nossa tendência de sermos cabeças-duras. O cérebro evita, distorce, despreza, tira conclusões errôneas e, até mesmo, cria evidência — tudo para que possamos manter aquele reconfortante sentido de estarmos certos. Não apenas nossas estimadas crenças de longa data desfrutam tal devotada lealdade de nossos cérebros. Até mesmo a opinião formada às pressas recebe imerecida proteção contra revisão. Bastam alguns segundos para formular a máxima impensada de que uma peneira jamais fica com o fundo molhado, mas uma vida não é suficientemente longa para corrigi-la. De tudo que você encontrará neste capítulo, acho que o que mais me agrada é que, se você o achar inconvincente, isto apenas ajudará a prová-lo.

NOSSA TEIMOSIA começa no nível mais básico — a informação a que expomos nós mesmos. Quem, por exemplo, lê *Firearms News*?* Bem, você sabe — os leitores de *Firearm News*. Pessoas que defendem a opinião de que armas de fogo não matam pessoas, pessoas matam pessoas. Não buscamos no mundo objeções reanimadoras às nossas ideologias políticas e sociais. Preferimos pessoas, livros, jornais e revistas que compartilham nossos próprios e esclarecidos valores. Ao nos cercarmos, dessa forma, de pessoas que dizem sim, limitamos as chances de nossas opiniões serem contestadas. Os partidários de Nixon** tiveram de levar essa estratégia a níveis dramáticos durante as audiências do Senado dos Estados Unidos relativas ao caso Watergate. Enquanto acumulavam evidências de arrombamentos com fins políticos, suborno, extorsão e outras diversões impróprias para um presidente norte-americano, uma pesquisa de opinião mostrou que os partidários de Nixon desenvolveram uma conveniente perda de interesse na política.[2] Desta forma, foram capazes de preservar a comovente fé na adequação de seu presidente como líder do país. (Em con-

* *Novidades sobre Armas de Fogo.* (N.T.)

** Richard Milhous Nixon, 37º presidente dos Estados Unidos, eleito em 1968 e reeleito em 1972. Renunciou ao segundo mandato em 1974, sob ameaça de *impeachment* por conta do caso Watergate. (N.T.)

traste, os norte-americanos que se opunham à presidência de Nixon não se cansavam de desfrutar das audiências.)

Entretanto, nossa visão subjetiva e limitada do mundo é apenas o começo. Inevitavelmente, mais cedo ou mais tarde, seremos confrontados com contestações às nossas crenças, seja a visão que o defensor da teoria de que a Terra é plana tem da suave curva do mar no horizonte, o retorno de mãos vazias do inspetor de armas que foi ao Iraque ou um ralo entupido com espaguete. Contudo, mesmo diante de evidência em contrário, nossas crenças são tão ternamente protegidas como nossos egos. Assim como qualquer informação que espete nossa auto-estima, uma evidência contrária a nossas crenças é submetida a exame minucioso, crítico e quase sempre de recusa. Em 1956, uma médica chamada Alice Stewart publicou um relatório preliminar a respeito de uma ampla pesquisa sobre crianças que morreram de câncer.[3] Os resultados de seu trabalho eram claros. Bastava o raio X de um feto para dobrar o risco de câncer na infância. Apenas 24 anos mais tarde é que as principais associações médicas norte-americanas oficialmente recomendaram que a exposição de mulheres grávidas à radiação ionizante não mais fizesse parte da rotina de cuidados do pré-natal. (A Grã-Bretanha demorou um pouco mais para tomar essa decisão.)

Por que os médicos demoraram tanto tempo para aceitar que uma dose de radiação podia não ser o que o doutor devia prescrever às mulheres grávidas? Uma forte indicação advém de diversos experimentos, segundo os quais achamos que uma pesquisa é convincente e bem-fundamentada se os resultados confirmarem nosso ponto de vista. Entretanto, acharemos que o mesmo método de pesquisa é ordinário e falho se os resultados não concordarem com nossas opiniões. Por exemplo, pessoas a favor ou contra a pena de morte foram instadas a analisar resultados de duas pesquisas.[4] Uma mostrava que a pena de morte era um dissuasor eficaz contra o crime; a outra mostrava que não era. Uma pesquisa comparava as taxas de crimes nos mesmos estados norte-americanos antes e após a introdução da punição capital. A outra comparava taxas de crimes em estados vizinhos com e sem a pena de morte. A estratégia de pesquisa que as pessoas acharam mais cientificamente válida dependeu, em especial, se a pesquisa sustentava suas opiniões sobre a pena de morte. Evidência que se encaixa em nossas crenças passa rapidamente pelos portões do controle mental. Evidência contrária, porém, deve ser submetida a uma minuciosa interrogação e, mesmo assim, é provável que não seja admitida.[5] Como resultado, após verem evidência em contrário, as pessoas podem terminar se agarrando ainda mais às suas crenças. É como se pensássemos: "Bem, se *isto* é o melhor que o outro lado pode apresentar, então devo mesmo estar certo." Este fenômeno, conhecido como polarização de crenças, pode ajudar a explicar por que tentativas de desiludir as pessoas de suas perversas concepções erradas são, na maioria das vezes, infrutíferas.

Seria reconfortante saber que cientistas e médicos, em cujas mãos diariamente colocamos nossas saúde e vidas, não são suscetíveis a esse tipo de partidarismo. Recordo-me de ser severamente repreendida pelo sr. Cohen, meu professor de física, por descrever o gradiente de uma curva em um gráfico como "dramático". O sr. Cohen me informou muito sério de que não há espaço para o dramático na ciência. Um fato era um puro fato, não um ator saltitando em um palco. No entanto, um gráfico que contradiga as crenças, publicações e a carreira de um cientista está longe de ser um "simples fato"; por isso, artigos científicos idênticos em todos os aspectos, exceto pelos resultados, têm maior probabilidade de serem avaliados como falsos e impublicáveis se os resultados não estiverem de acordo com o ponto de vista teórico do revisor.[6]

Será que isso é parte do motivo por que a pesquisa de Alice Stewart sobre raios X recebeu uma acolhida tão gélida? Em sua biografia, ela recorda: "Tornei-me desacreditada. Um radiologista comentou: 'Stewart fazia um bom trabalho, mas agora caducou.'"[7] Infelizmente para Stewart, um estudo posterior, feito por outro pesquisador, não encontrou uma ligação entre raio X pré-natal e câncer infantil. Embora a elaboração desse estudo tenha defeitos substanciais — como o próprio pesquisador admitiu mais tarde —, a comunidade médica o aclamou alegremente como prova de que estavam certos e que Alice Stewart estava errada. A semelhança entre esta história e as demonstrações experimentais de avaliação polarizada de evidência é, digamos, dramática.

Por fim, é claro, chegamos ao ponto onde nos encontramos hoje, em que uma mulher grávida é capaz de começar a vasculhar a bolsa para pegar o spray de pimenta caso um obstetra ao menos sussurre o nome "raio X". Contudo, foi um longo tempo até chegarmos aqui. Em 1977, havia grande quantidade de pesquisas mostrando uma ligação entre raio X pré-natal e câncer infantil. No entanto, o Conselho Nacional Norte-Americano de Proteção Contra Radiação permaneceu teimosamente convencido de que raios X eram inofensivos. O Conselho sugeriu uma explicação alternativa. Não era a radiação que causava câncer. Idéia ridícula! Não, a relação entre raios X e câncer era devido aos poderes proféticos e sobrenaturais de diagnóstico dos obstetras. Os obstetras radiografavam bebês que, de alguma maneira, *sabiam* que teriam câncer. Esta logicamente possível, não obstante porca, hipótese merece apenas uma resposta: Oink, oink.

Não viramos as costas apenas aos argumentos de outras pessoas. Uma vez que tenhamos formado nossa opinião a respeito de um assunto, argumentos a favor de uma visão oposta — mesmo pontos gerados por nossos próprios cérebros — são abandonados à beira do caminho. Lembre-se dos voluntários do estudo descrito no Capítulo 1, que deviam pensar sobre uma escolha em sua vida?[8] Alguns estudantes, talvez você se recorde, foram instados a refletir sobre uma decisão já tomada (fazer reservas para férias ou terminar um relacionamento, por exemplo). Em retrospecto, será que fizeram a coisa certa? Outros estudantes refletiram sobre um dilema que ainda tinham de resolver. Sentados, contemplando calmamente, os dois grupos tomavam notas de todos os pensamentos. Depois, os pesquisadores contaram todos os tipos de pensamento listados pelos estudantes para formar uma imagem do que se passava em suas mentes durante essa fase do experimento. As pessoas, ainda indecisas em relação a seguir adiante com um curso particular de ação, foram impressionantemente equilibradas ao pesar os prós e os contras, os riscos e os benefícios. Contudo, os outros estudantes, em resposta à solicitação do pesquisador para que debatessem internamente a sensatez de sua escolha, tiveram cuidado em evitar escutar qualquer sussurro de arrependimento de suas mentes. É provável que eles também houvessem ponderado sobre os dois lados do assunto antes de tomar a decisão final. No entanto, relutavam com obstinação em fazer isso agora. Os pesquisadores, registrando os diferentes tipos de pensamento que os pensadores produziam, observaram que os voluntários que já tinham tomado uma decisão demonstraram menor probabilidade de ocupar suas mentes com a potencialmente desconfortável questão se haviam feito a coisa certa. Nas raras ocasiões em que suas mentes passearam por essa área perigosa, preferiram apoiar-se nas repercussões positivas, e não nas negativas, do que haviam feito. Então, o que suas mentes *estiveram* fazendo? Procrastinando, isso é o que parece. Em vez de arriscar que fosse provado que estavam errados, mesmo por eles próprios, suas mentes os distraíram com uma formidável quantidade de pensamentos (como "Gosto do pesquisador!") que eram irrelevantes para a tarefa em questão.

A distorção de informação e argumentos de autocensura — estratégia que usamos de modo inconsciente para mantermos o peso das evidências mais pronunciado em nosso prato da balança — nos conserva alegremente seguros de nós mesmos. Além disso, a fé que temos na infalibilidade de nossas crenças é tão poderosa que somos até capazes de *criar* uma evidência para provar que estamos certos — a profecia auto-realizadora. É possível que o efeito placebo — no qual um falso tratamento faz, de alguma forma, você se sentir bem apenas porque pensa que está recebendo um remédio eficaz para seu mal — é o mais conhecido exemplo disso.[9] Quando um tratamento genuíno não tem o benefício das altas esperanças do cérebro, torna-se consideravelmente menos eficiente. Quando você engole alguns analgésicos, sua confiança de que a droga aliviará a dor de cabeça é que, de forma nada desprezível, faz a dor ir embora. Pacientes que se recuperavam de cirurgia de pulmão foram informados pelo médico de que receberiam morfina, por via intravenosa, para aplacar a dor.[10] Uma hora após o poderoso analgésico entrar em suas correntes sangüíneas, a intensidade da dor que sentiam caiu à metade. Um segundo grupo de pacientes pós-cirúrgicos também recebeu exatamente a mesma dose de morfina por meio dos cateteres, mas não foram informados disso. Uma hora mais tarde, a redução na intensidade da dor que esses pacientes desinformados sentiam foi metade da observada no outro grupo. Entretanto, a ignorância foi uma bênção (relativamente falando) em um segundo experimento, no qual a morfina intravenosa foi suprimida. Os pacientes não informados de que o suprimento de analgésico havia sido interrompido permaneceram confortáveis por mais tempo do que pacientes que haviam sido avisados da alteração da utilização de drogas. Mesmo após dez horas, duas vezes mais pacientes desinformados, em comparação com o outro grupo, ainda conseguiam resistir à dor sem solicitar mais analgésico.

Ainda mais extraordinárias são as influências que as crenças de outras pessoas têm sobre *você*. Inicialmente, psicólogos voltaram o interesse na profecia auto-realizadora para si próprios. Poderia uma psicóloga sem querer encorajar seus voluntários a agir em sintonia com suas próprias crenças do que deveria acontecer no experimento? Psicólogos observaram que, de fato, tinham esse estranho poder sobre os voluntários.[11] Exatamente o mesmo arranjo experimental produz, de forma confiável, resultados diferentes dependendo das crenças do pesquisador que comanda o experimento e interage com os participantes. Na verdade, até mesmo ratos são suscetíveis às expectativas dos pesquisadores. Inconscientemente, os pesquisadores também podem afetar a saúde de participantes em testes clínicos de medicamentos. Em uma variação do efeito placebo, o ponto de vista do *pesquisador* a respeito do medicamento pode influenciar sua eficácia. Por esta razão, os bons testes clínicos de medicamentos agora são os chamados duplo-cego: nem o paciente nem o pesquisador sabem que tratamento o paciente está recebendo.

Os psicólogos, então, ficaram curiosos se a profecia auto-realizadora poderia estar silenciosamente em ação fora do laboratório, no mundo real. Em um experimento infame, dois psicólogos, Robert Rosenthal e Lenore Jacbson, voltaram sua atenção para a sala de aula.[12] A um grupo de crianças, aplicaram uma falsa prova, que alegaram ser uma medida do potencial intelectual. Então, supostamente com base nos resultados dos testes, informaram aos professores que os pequenos Johnny, Eddy, Sally e Mary demonstrariam, nos meses seguintes, um florescer intelectual. Na verdade, essas crianças foram escolhidas aleatoriamente na lista na chamada. Contudo, a simples expectativa dos professores de que essas crianças em breve abririam suas asas mentais efetivamente levou a uma real e mensurável melhora de suas inteligências. Os professores "ensinam mais e ensinam com mais entusiasmo" os estudantes nos quais têm grandes expectativas, concluiu Rosenthal. É extraordinário considerar que poderoso impacto os particulares preconceitos e estereótipos de um professor devem ter sobre uma criança. E a profecia não é apenas auto-realizadora, mas também autoperpetuante. Quando seu filho involuntariamente corresponde à crença do professor de que "Meninos não gostam de ler", essa crença se tornará ainda mais confortavelmente estabelecida na mente do professor.

Há algo realmente muito sinistro no poder que as crenças de outras pessoas têm de controlá-lo sem seu conhecimento. No entanto, você pouco pode fazer para se proteger de um inimigo cuja força reside em sua própria imperceptibilidade. Contudo, ainda mais arrepiante, com certeza, é a perspectiva de que suas próprias convicções pessimistas podem trabalhar insidiosamente contra *você*. As expectativas de uma mulher em relação ao desenrolar de seu relacionamento, por exemplo, podem "criar uma realidade própria".[13] Se ela estiver muito aflita com a real dedicação de um namorado ao relacionamento e superpreocupada com a possibilidade de ser por ele rejeitada, será que as reações hipersensíveis da mulher em relação aos conflitos no relacionamento podem disparar justamente o desfecho que ela teme? Em um teste desta hipótese, psicólogos convidaram casais para que colocassem a dinâmica de seu relacionamento sob exame microscópico. Os dois membros do casal avaliaram separadamente seus sentimentos sobre o parceiro e o relacionamento, satisfação com e dedicação ao relacionamento. Também preencheram um questionário que testava ansiedade em relação a ser rejeitado por "pessoas de significância". Os dois foram, então, reunidos novamente e colocados sentados em uma sala com uma câmera de vídeo apontada para eles. A seguir, para criar um pequeno conflito interessante, foram instados a discutir uma questão de seu relacionamento que deixava a atmosfera pesada e estragava os humores. Em seqüência, apenas para verificar qual foi o efeito de um chocalhar a gaiola do outro, aos dois foi pedido que avaliassem, mais uma vez, suas emoções para com a cara-metade. Assim que ambos deixaram o laboratório, outros psicólogos (que não sabiam sobre o que versava o experimento) fizeram o que todos nós gostaríamos de fazer quando remexemos as cinzas de uma discussão acalorada. Eles viram as fitas de vídeo desde o início, buscando uma evidência clara de comentários ásperos, insultos sórdidos, gestos hostis ou desagradáveis tons de voz.

Antes da discussão (ou debate, em alguns casos) que foi gravada, os parceiros de mulheres sensíveis à rejeição foram tão otimistas em relação aos seus relacionamentos como os parceiros de mulheres com atitude mais firme em relação a relacionamentos. Todavia, depois, os parceiros das mulheres mais sensíveis estavam silenciosamente encolerizados. Os pesquisadores descobriram a razão para isso nas fitas de vídeo. As mulheres que temiam a rejeição comportavam-se de forma mais irritadiça durante a discussão de questões conflituosas, e, de acordo com a análise estatística feita pelos pesquisadores, era isso que tanto exasperava seus parceiros. Seria isso suficiente para pôr fim ao relacionamento? Parece que sim. Um segundo experimento mostrou que relacionamentos de mulheres sensíveis à rejeição, apesar de serem no início saudáveis e felizes, tinham três vezes mais probabilidade de terminar do que os de mulheres que toleram o conflito. Com expectativas de rejeição, essas mulheres mais vulneráveis comportaram-se de uma forma que transformou seus temores em realidade.

ATÉ AQUI, nossa relutância em vistoriar o mundo com uma mente aberta parece ser pouco recomendável. Haverá algum benefício em potencial nesta nossa obstinação? Psicólogos observaram que uma quantidade módica de obstinação antes de abrirmos mão de nossas crenças faz sentido. Afinal, terminaríamos em um certo estado mental de agitação e confusão se nossas crenças flutuassem eternamente ao sabor de notícias de jornal ou discussões com parentes. Também faz sentido que nossas crenças centrais sejam uma parte integral de quem somos. Dar adeus a uma crença é perder uma parte querida de nossa identidade.[14] É interessante observar que pessoas que recentemente se dedicaram a uma ampla reflexão de suas melhores qualidades (ou foram "auto-afirmativas", para usar a enfastiante terminologia da literatura) são mais receptivas aos argumentos que desafiam suas firmes crenças a respeito de questões como pena de morte e aborto. Ao aumentar uma importante área de autovalorização, você estará mais bem-equipado para afrouxar o laço de alguns de seus valores definitivos. (Apenas afrouxe o laço, mente. Não precisa soltar totalmente.) É um fato curioso, e um tanto quanto desinquietador, que a bajulação efusiva é muito mais eficiente para cegar a espada de um oponente do intelectual que a mera argumentação lógica. Portanto, em contraste com a crença popular, a bajulação *o levará* a algum lugar.

Seria muito mais agradável deixarmos as coisas assim: somos cabeças-duras, sim, mas por bons motivos. Entretanto, pesquisas mostram que nossa teimosia é tão perniciosa que até mesmo a crença mais atual e sem fundamento encontra abrigo seguro em nossos cérebros. Em conseqüência, estamos à mercê de nossas opiniões e impressões iniciais. Em uma clássica demonstração disso, alguns voluntários foram submetidos a um teste de "sensibilidade social".[15] Eles leram uma série de pares de bilhetes de suicídio e, para cada par, tinham de adivinhar qual era genuína e qual era falsa. Alguns voluntários, escolhidos ao acaso, foram informados de que seu desempenho havia sido superior; outros, que havia sido inferior. Um pouco mais tarde, o pesquisador deu-lhes explicações. O pesquisador explicou que a realimentação que tinham recebido a respeito de suas sensibilidades sociais havia sido inventada e que suas supostas notas haviam sido decididas ao acaso antes mesmo de entrarem no laboratório. Quaisquer idéias que os voluntários tivessem desenvolvido a respeito da habilidade para discriminar entre bilhetes de suicídio verdadeiros e falsos deveriam ter sido totalmente abolidas por essa explicação. Afinal, a evidência na qual estas crenças foram baseadas tinha sido desacreditada. Ainda assim, eles continuaram a acreditar em suas sensibilidades sociais superiores ou inferiores. Quando o pesquisador solicitou que os voluntários adivinhassem como se sairiam nessa e em outras tarefas semelhantes, suas respostas refletiam a falsa realimentação de "desempenho superior" ou "desempenho inferior" que haviam recebido na tarefa dos bilhetes de suicídio. Em particular, o que é notável nesse experimento é que até mesmo pessoas que foram taxadas de broncas sociais continuaram acreditando nisso. Embora a seus cérebros presunçosos tenha sido dada uma razão legítima pela qual a autoestima pudesse ser recuperada, continuaram a acreditar no pior a respeito deles próprios.

Em um experimento similar, pesquisadores ensinaram a estudantes do ensino médio como resolver um difícil problema matemático.[16] Metade dos estudantes assistiu a uma clara e útil apresentação em vídeo. A outra metade assistiu a uma apresentação propositalmente confusa e que a deixou em dificuldade. Como era previsível, esses últimos estudantes terminaram sentindo-se muito abatidos por conta de sua inépcia com números. Esta falta de confiança persistiu mesmo depois que os pesquisadores exibiram a clara apresentação em vídeo e explicaram que seu fraco desempenho em matemática era devido à má instrução e não à sua real habilidade. Mesmo decorridas três semanas, esses desafortunados estudantes que haviam assistido à desnorteante apresentação em vídeo demonstraram menor interesse em matricular-se em cursos semelhantes de matemática. E assim, possivelmente, todo o curso de suas vidas futuras foi alterado.

De fato, nesse ponto, você pode começar a sentir uma agitação desconfortável em relação à ética de pesquisadores de psicologia que dão falsas realimentações — em especial, realimentações negativas — a voluntários inocentes. Na verdade, posteriormente, os pesquisadores sempre contam a verdade aos voluntários desafortunados, mas parece que isso apenas não é suficiente. Os pesquisadores do experimento dos bilhetes de suicídio descobriram que os procedimentos usuais de explicações *a posteriori* são incapazes de corrigir crenças mantidas com obstinação. Apenas quando explicaram até a exaustão o fenômeno de perseverança de crenças e descreveram como ele pode afetar os voluntários, os pesquisadores conseguiram deixar os voluntários na mesma condição psicológica na qual os haviam encontrado.

Isso é um pouco preocupante, mas, sem dúvida, não para pesquisadores de psicologia. É claro que você pode ver isso do ponto de vista do pesquisador. Sim, você diz a uma pessoa que gentilmente concordou em ajudá-lo em sua pesquisa que, oh, céus!, ela tinha tirado uma nota embaraçosamente baixa em um teste, em comparação com quase todos os outros que já passaram pelo laboratório. Então, provavelmente, menos de uma hora mais tarde, você explica em detalhes que o que você disse não é verdade, que você nem ao menos se deu ao trabalho de corrigir o teste. É difícil de aceitar que isso pode ser insuficiente para livrar até mesmo uma pessoa provida de extrema auto-incerteza de quaisquer inseguranças prolongadas.

Claramente, entretanto, os procedimentos usuais de explicações *a posteriori são* estranhamente inadequados. O que faz com que as crenças se apossem de forma tão imediata e tenaz de nossos cérebros? Uma resposta é que a culpa seja de nossas ricas, criativas e em geral espúrias explicações das coisas. Você ouve um boato de que a filha adolescente de um amigo está grávida. Ao discutir com outro amigo a incerta situação dela, você chama atenção da lamentável insistência dos pais em tratar adolescentes como se fossem adultos, a atitude *laissez-faire** da mãe em relação a ter hora para voltar para casa e as roupas sensuais com que deixavam a filha aparecer em público. Diante de tal licenciosidade permitida pelos pais, a delicada situação da jovem torna-se tragicamente inevitável. Como resultado, quando você toma conhecimento de que a falada gravidez é da filha de outra pessoa, você se pega pensando secretamente que é apenas uma questão de tempo até que a difamada moça passe pelo mesmo infortúnio. Você pode, até mesmo, comentar com a reconfortante (mesmo que seja, no seu caso, errônea) segurança de Cassandra que "Onde há fumaça, há fogo". A crença inicial recruta sua própria rede de evidências de apoio, derivadas das complacentes explicações ocasionais que criamos tão bem (e, para sermos honestos, às quais é tão divertido ceder). Você pode, então, se desfazer do

* Princípio de não-intervenção. (N.T.)

fato inicial. A rede de explicações é suficientemente forte para suportar a crença sem ele.

Em um experimento que simulava esse tipo de raciocínio social baseado em fofoca, voluntários receberam um relatório sobre um caso clínico real para ler.[17] Um estudo de caso, "Shirley K.", tratava de uma ansiosa jovem mãe e dona-de-casa cuja história incluía infortúnios como o divórcio, o suicídio do namorado, a morte do pai e a posterior internação da mãe em um hospital psiquiátrico. Alguns dos voluntários foram instados a fazer o papel de um psicólogo clínico que acabara de saber que Shirley K. tinha, subseqüentemente, se suicidado. A eles foi perguntado se haviam encontrado algum indício na história de Shirley K. que pudesse ajudar um psicólogo a explicar ou predizer o suicídio dela. Os voluntários abraçaram essa tarefa com entusiasmo. Com facilidade, produziram hipóteses plausíveis; por exemplo, que o suicídio do namorado havia sido "um modelo que a levou a tirar a própria vida". Terminada a tarefa, todos foram informados de que, na verdade, nada era sabido sobre a vida futura de Shirley K. O suicídio que foram solicitados a explicar era apenas hipotético. Entretanto, a rede de explicações havia sido tecida. Quando questionados sobre a probabilidade de Shirley K. *efetivamente* suicidar-se, os voluntários avaliaram que isso tinha probabilidade muito maior que aquela indicada por um outro grupo de pessoas que não teve de explicar o hipotético suicídio. Na verdade, até mesmo pessoas já informadas de que o suicídio nunca havia ocorrido acharam suas próprias teorias de por que um suicídio *poderia* ter ocorrido tão convincentes que, também, taxaram Shirley K. de uma suicida em potencial.

Um estudo posterior mostrou como são importantes esses tipos de especulação para apoiar uma crença. Em uma variação do experimento, na qual voluntários receberam informação fabricada sobre suas habilidades de diferenciar entre bilhetes de suicídios genuínos e falsos, voluntários foram informados (como no experimento original) de que seus desempenhos haviam sido superiores ou inferiores. Como antes, a alguns foi dada liberdade para desenvolver as mais variadas teorias para explicar seus supostos níveis de sensibilidade social. Depois, já informados de que a avaliação que haviam recebido tinha sido fabricada, mesmo assim continuaram agarrados à recentemente descoberta crença a respeito de suas habilidades sociais (do mesmo modo como fizeram os voluntários no experimento original). A falsa avaliação que receberam havia, então, se tornado parte da "evidência" de que dispunham para apoiar suas opiniões a respeito da sensibilidade de seus radares de pessoas. Entretanto, algo muito diferente ocorreu com um segundo grupo de voluntários, impedidos de procurar explicações para seus supostamente bons ou maus desempenhos na tarefa. A estes foi ordenado que se ocupassem imediatamente com uma tarefa absorvente. Negada a oportunidade de inspecionar seus cérebros em busca de outras evidências que apoiassem sua frágil crença a respeito da própria sensibilidade social, eles, sensatamente, abandonaram a crença tão logo tomaram conhecimento de que era baseada em mentiras. Nosso irresistível ímpeto de fazer o papel de um psicólogo amador é que nos torna tão vulneráveis às crenças iniciais, mesmo que os fatos em que são baseadas venham a ser repentinamente descartados. É parte da natureza humana tentar explicar tudo que acontece à nossa volta, talvez como uma forma de fazer a vida parecer menos caprichosa.

Nossa suscetibilidade às primeiras impressões é piorada por um outro sentimento humano, muito cativante. Somos criaturas crédulas e achamos que acreditar é fácil, enquanto duvidar é difícil. O problema é que naturalmente acreditamos que as coisas são verdadeiras. Como observado pelo psicólogo Daniel Gilbert, "você não pode deixar de crer em tudo que lê".[18] Obviamente, não carregamos o peso de nossas crenças ingênuas para sempre, nem mesmo por muito tempo. Entretanto, apenas com algum esforço mental conseguimos decidir que são falsas. Nosso ímpeto natural (nossa postura padrão) é acreditar. Isto pode ser porque, em geral, as pessoas falam a verdade com maior freqüência do que a mentira. Portanto, é mais eficiente assumirmos que as coisas são verdadeiras, a menos que tenhamos razão para pensar o contrário.

Contudo, há um problema com esse sistema. Se seu cérebro estiver muito ocupado com outras coisas para gastar a energia necessária para rejeitar uma bizarrice, você ficará preso àquela crença. Anunciantes e vendedores de carros ficarão felizes em saber que a incredulidade quase nunca funciona conosco; pelo menos é o que sugerem as pesquisas. Se seu cérebro estiver distraído ou sob pressão, você tenderá a acreditar em afirmações que normalmente acharia duvidosas.[19] Na verdade, você pode até mesmo pegar-se acreditando em coisas explicitamente ditas falsas. Em uma demonstração dessa deficiência em "não acreditar", voluntários leram, na tela de um computador, uma série de afirmações a respeito de um réu criminal (por exemplo, "O ladrão tinha uma arma").[20] Algumas das afirmações eram falsas. Eles sabiam exatamente quais afirmações eram falsas, pois estas apareciam em uma cor diferente. Para alguns, as afirmações falsas que liam foram elaboradas para fazer o crime parecer mais hediondo. Para outros, o falso testemunho fazia o crime parecer mais perdoável. Ao mesmo tempo em que todos liam as afirmações, uma seqüência de dígitos também marchava pela tela do computador. Alguns dos voluntários tinham de apertar um botão a cada vez que viam o número "5". Embora possa parecer banal, para se executar essa tarefa, uma boa quantidade de recursos mentais é usada. Isto significa que esses voluntários dispunham de menos potência cerebral para mentalmente mudar a rotulação das afirmações inverdadeiras da posição padrão "verdadeira" para "falsa". Estes ocupados voluntários demonstraram maior probabilidade de recordar erroneamente afirmações falsas como verdadeiras. Além do mais, isso afetou sua avaliação do tempo que o criminoso deveria ficar preso. Quando as afirmações falsas injustamente exacerbaram a gravidade do crime, os distraídos voluntários o sentenciaram a uma pena quase duas vezes maior que os outros.

De fato, se sua reputação estiver sob análise, os ingênuos cérebros dos outros podem colocá-lo em sério risco. Devido à nossa polarização em relação às crenças, somos particularmente suscetíveis a insinuações. Em uma simulação de cobertura eleitoral da mídia, voluntários leram uma série de manchetes de jornais sobre candidatos políticos e, então, deram suas impressões sobres cada um dos políticos.[21] Com esperado, manchetes do tipo "Bob Talbert se associa a uma falsa instituição de caridade" deixaram a reputação de Talbert em frangalhos. No entanto, surpreendentemente, a manchete "Estará Bob Talbert associado a uma falsa instituição de caridade?" foi em igual medida danosa. Caso você também pense em se lançar aos olhos do público, considere isto: até mesmo a manchete "Bob Talbert não está associado a falsa instituição de caridade" pareceu incriminatória aos olhos dos leitores. Negações são, afinal, nada mais que afirmações com um "não" preso a elas. A parte sobre "Bob Talbert" e "falsa instituição de caridade" entra de maneira fácil em nossos cérebros, mas o "não", de alguma forma, não é tão eficaz em afetar nossas crenças como deveria.[22] Não conseguimos resistir a insinuações — como o estudo provou — nem mesmo quando têm como fonte um infame jornal de má reputação. Embora todos pensemos ser imunes a elas, campanhas negativas funcionam.

Para qualquer réu em julgamento no tribunal, é claro, as crenças dos cérebros ingênuos têm crucial importância. Lembra-se da piada que circulou por ocasião do julgamento de O. J. Simpson?*

Toque, toque.
Quem bate?
O. J.
Que O. J.?
*Você está no júri.***

---

* Orenthal James Simpson, célebre jogador de futebol americano e, depois, ator em alguns filmes de sucesso. Em 1994, O. J. Simpson foi acusado de matar a esposa. Seu julgamento despertou enorme interesse e curiosidade no público. O júri teve início em setembro de 1994, e o veredicto de inocente foi proferido em outubro de 1995. (N.T.)

** Tipo de piada muito popular em países de língua inglesa, em que alguém bate à porta e faz trocadilho ou jogo de palavras com o nome de uma pessoa. Neste caso, o trocadilho tem como base as iniciais O. J. do nome de Simpson, o grande interesse que o julgamento despertou na população e a possibilidade de alguém ser convocado a atuar como jurado (*on the jury*). (N.T.)

Publicidade anterior ao julgamento, em geral, significa péssima notícia para um réu cuja liberdade futura, ou mesmo a vida, depende das maquinações de 12 cérebros cabeças-duras.[23] Talvez por conta de nossa suscetibilidade a insinuações e, até mesmo, a negações, reportagens da mídia sobre um crime encorajam uma postura pró-acusação nos jurados. Foi mostrado que, quanto mais as pessoas sabem sobre um caso antes do julgamento, mais culpado consideram o réu. Terríveis coberturas da mídia agravam ainda mais a atitude ele-deve-ser-preso, mesmo que a brutalidade de um crime não tenha qualquer ligação com o fato de aquele réu em particular ser culpado ou não. Um jurado que chafurda em publicidade pre-julgamento faz a balança da Justiça pender contra o réu, e o cérebro cabeça-dura que polariza, distorce e, até mesmo, produz evidência para apoiar essa crença na culpa do réu certamente não ajudará a restabelecer o equilíbrio.

E não apenas os jurados deviam ter cuidado. Os lascivos espectadores de julgamentos de grande publicidade também são persuadidos a uma complacente autocerteza. Recordando o julgamento, a partir de um privilegiado ponto de vista pós-veredicto, o cérebro de maneira implacável se recusa a admitir que seus poderes de previsão eram qualquer coisa menos que perfeitos. "Eu sabia desde o início", você diz a si próprio, furtivamente ajustando a memória. Com o benefício da percepção retrospectiva, o que aconteceu parece inevitável e previsível, e você pode ficar convencido de que sabia o que ia acontecer. Na época do escândalo do julgamento do *impeachment* de Bill Clinton, pesquisadores interessados no fenômeno da percepção retrospectiva pediram, a três semanas e, também, a três dias da data do ansiosamente esperado veredicto, que pessoas fizessem uma estimativa sobre a probabilidade de que Clinton fosse condenado.[24] As reportagens na mídia durante esse período fizeram parecer cada vez mais que Clinton escaparia ileso e, nesse mesmo período, as avaliações dos entrevistados sobre suas chances iam sendo alteradas de forma correspondente. Apenas quatro dias após o veredicto, essas pessoas recordaram humilde e corretamente que suas opiniões foram sendo alteradas ao longo do tempo na direção da correta concepção de que Clinton seria inocentado. Entretanto, uma semana mais tarde, elas afirmaram com veemência que sempre estiveram certas de que Clinton não seria condenado.

Até mesmo quando pesquisadores pedem de modo explícito que as pessoas respondam como se nada soubessem de coisas que já tenham acontecido ou as alertam com firmeza de nossa propensão em exagerar o que teríamos adivinhado, continuamos a negar que o conhecimento de que dispomos nos tenha influenciado e insistimos que sabíamos de tudo desde o início.[25] Nossa recusa em reconhecer que nossas opiniões se beneficiam da percepção retrospectiva é particularmente problemática em casos jurídicos, em que jurados devem decidir se aplicam pena de indenização. (Uma pena de indenização essencialmente diz ao réu: "Malvado! Você devia saber que seria punido.") Em uma simulação desse tipo de caso, voluntários receberam evidências a respeito de um grave e real acidente em que um trem da companhia ferroviária Southern Pacific descarrilou e derramou herbicida tóxico no rio Sacramento, na Califórnia.[26] Alguns foram informados apenas de que o Conselho Nacional de Segurança dos Transportes, reconhecendo que a ferrovia era perigosa, baixara uma ordem para que a companhia ferroviária interrompesse as operações, mas a companhia queria que a ordem fosse suspensa. Um pouco antes de o acidente ocorrer, e do qual nada sabiam, foram mostradas a esses voluntários detalhadas evidências técnicas que indicavam as várias falhas e as perigosas condições do trem e da ferrovia montanhosa. Foram então instados a decidir se o risco de acidente era tal que a ordem devesse ser mantida. Desconhecendo totalmente o que na verdade havia acontecido naquele trecho da ferrovia, esses falsos jurados se mostraram muito otimistas em relação à segurança dos trilhos. Apenas um terço avaliou que os riscos eram suficientemente sérios para justificar a interrupção da operação do trem.

Contrastemos isso com as opiniões de outros voluntários, que puderam inspecionar os detalhes do caso por meio da lente de cristal da percepção retrospectiva. Esses voluntários foram informados tanto do descarrilamento como da subseqüente poluição do rio. A seguir, viram as mesmas detalhadas evidências técnicas que o outro grupo de voluntários. Antes da ocorrência do acidente, a eles foi perguntado: haveria algum grande risco de acidente em conseqüência das condições da ferrovia? Como sabiam que um acidente havia realmente ocorrido e eram incapazes de executar a ginástica mental necessária de fingir que não sabiam, dois terços dos voluntários disseram sim, um acidente era provável, e a companhia ferroviária devia ter percebido isso. Em sua opinião, sentenças de indenização deveriam ser aplicadas. As diferentes perspectivas oferecidas pelas percepções anterior e posterior à ocorrência do acidente sugerem que, uma vez ocorrido o acidente, nossas avaliações de responsabilidades podem se tornar severas ao extremo.

Vimos como o cérebro finge saber que não sabe ou não saberia. Todavia, as coisas não terminam aí. O cérebro também alega conhecimento do que *não pode* saber. Como derradeiro constrangimento nesse triste catálogo de tendências vaidosas, pensamos conhecer o que (se ao menos soubéssemos) não pode, de forma alguma, ser conhecido. Tão onisciente pensa ser o cérebro cabeça-dura que, até mesmo, finge ter familiaridade com conhecimento que não existe. Estudantes universitários voluntários receberam uma centena de perguntas de conhecimentos gerais a que deviam responder.[27] Entretanto, sorrateiramente espalhadas, havia 20 perguntas que não tinham resposta (tais como "Qual é o nome do único gato nativo da Austrália?" ou "Qual é o nome da legendária ilha flutuante da Grécia antiga?" ou "Qual é o nome da única mulher que assinou a declaração de independência norte-americana?"). Ao todo, para cerca de 20% dessas questões irrespondíveis, os voluntários afirmaram que quase conseguiram pescar a resposta. *Sabiam* que a resposta estava por aí. Estava na ponta de suas línguas!

Cegados por nosso próprio brilhantismo, pensamos que sabemos tudo.

AS RAMIFICAÇÕES de nossa teimosia se espalham muito além da controvérsia a respeito do método correto de escorrer o espaguete. Ultrapassando os dramas da pia da cozinha, nossa obstinação complacente se manifesta em todas as partes: no quarto, na sala de aula, na vida social, no laboratório do cientista, no cenário político, no tribunal. Impregnando, como sempre faz, todos os aspectos de nossas vidas, será que podemos fazer algo para reduzir os vergonhosos e, em geral, perigosos efeitos de nossa teimosia e presunção? Neste ponto, textos de psicologia gostam de fazer algumas tímidas sugestões de como podemos vencer as obstinadas tendências de nossas mentes. "Considere hipóteses alternativas", é o que nos dizem. "Considere a evidência em contrário." O problema, sem dúvida, é que temos certeza de que já fazemos isso; o que acontece é que a opinião da outra pessoa é absurda, e seus argumentos são risivelmente frágeis. Nossa teimosia parece ser irredimível. É triste saber que as pesquisas confirmam a observação feita pelo colunista Richard Cohen de que "A habilidade para matar ou capturar um homem é uma tarefa simples em comparação com a de mudar nossas opiniões".[28]

Meu marido devia se lembrar disso quando chegar a hora do jantar.

CAPÍTULO 6

O Cérebro Discreto

Expondo a fraude do mordomo mental

LEMBRO-ME DE MEU MARIDO acordando, uma manhã, e dizendo: "Tive um sonho esta noite!" Este era um grande evento, pois ele geralmente afirma que não sonha. Obviamente, ele esperava que eu demonstrasse algum interesse: se não profissionalmente, ao menos no meu papel de esposa. Com certeza, como psicóloga — doutrinada a valorizar apenas métodos estritamente científicos — eu estava totalmente desguarnecida para oferecer ao meu marido uma análise psicológica de suas ações durante o sono. O nome Freud não era muito mencionado no departamento de psicologia onde fiz meu curso de graduação. Na verdade, corria o boato de que, nas prateleiras da biblioteca, os empoeirados volumes de suas obras completas estavam ligados a um gerador. Qualquer pessoa desavisada que os tocasse receberia um esclarecedor choque elétrico — esta tão popular ferramenta educacional dos psicólogos experimentais.

Todavia, embora eu seja firmemente partidária das pessoas que pensam "Inveja do pênis? *Fala sério*!", há algo atormentador na promessa de que os sonhos oferecem de revelar as maquinações secretas sob a fina membrana da mente consciente. Apesar de tudo, senti um leve arrepio de excitação ao ouvir o que meu marido disse. Aqui estava, por fim, uma oportunidade sem precedente de dar uma olhada nas ruminações sem censura da mente oculta de meu marido. Assim, me peguei pedindo a ele que me contasse o sonho.

"Sonhei que tínhamos uma discussão", ele disse orgulhoso.

"Interessante", repliquei pensativa. "Tivemos uma discussão ontem à noite."

"Sim, meu sonho era quase a mesma situação. Caramba!, eu estava zangado. Você quer um chá?"

E assim terminou minha breve jornada psicanalítica de descoberta pela mente inconsciente de meu marido.

FELIZMENTE, A PSICANÁLISE não é mais a única rota disponível para o interior da região oculta de nossa mente. No decorrer das últimas décadas, psicólogos sociais se tornaram muito interessados nesse aspecto de nossa vida mental e o que ela apronta. As pesquisas mostram que há boas e más notícias. A boa notícia é que o inconsciente não é, como anunciado com freqüência, apenas o ringue de boxe para as lutas psíquicas. A mente inconsciente trabalha duro para nós, de forma eficiente e sem descanso. Um notório psicólogo social se refere a ela como o "mordomo mental" que cuida em silêncio de nossas necessidades e desejos, sem que sequer tenhamos de tocar a campainha.[1] Com o trabalho chato sob cuidados, a mente consciente fica livre para refletir sobre objetivos de vida, tomar importantes decisões e, de modo geral, gerenciar o espetáculo.

Será que é isso mesmo? A má notícia é que essa delegação custa uma parte do controle. Quando você delega um trabalho ao seu solícito inconsciente, você nunca tem certeza de como o trabalho é feito.

Na verdade, essa não é a má notícia. Eu apenas não quis dá-la enquanto você se regozijava com a metáfora do seu eu consciente como senhor do castelo, comandando toda uma equipe solícita de processos mentais inconscientes. A verdadeira má notícia é que até mesmo os nossos relativamente raros momentos de escolha consciente podem ser nada mais que uma ilusão. Assim como o desafortunado dândi Bertie Wooster,* que não passa de um boneco nas mãos de seu maquinador mordomo Jeeves, pesquisas recentes sugerem que a mão que lustra o sapato guia os pés. Você apenas *pensa* que decide para onde vai.

Entretanto, o inconsciente — como Jeeves — é tão indispensável quanto desonesto. Atividades diárias, como caminhar e dirigir, ilustram perfeitamente a importância de ser capaz de delegar responsabilidade à mente inconsciente. Entendi isso de modo muito vívido enquanto observava meu filho pequeno aprendendo a andar. Quando ele tinha 12

---

* Bertie Wooster — ou melhor, Bertram Wilberforce Wooster — é um personagem criado pelo escritor inglês P. G. Wodehouse (1881-1975). Aristocrata inglês sem importância, membro do "clube" dos ricos ociosos, sempre acompanhado por seu mordomo, Reginald Jeeves, considerado a "personificação do mordomo perfeito". O gênio de Jeeves salva Bertie e seus amigos de diversas situações embaraçosas. Bertie Wooster foi personagem de dez romances e mais de 40 contos. (N.T.)

meses, isso era uma atividade que exigia máxima concentração. Nenhuma outra tarefa — pegar um brinquedo que era oferecido, beber um gole de água ou até mesmo verificar se o caminho à frente estava livre de obstáculos — podia ser executada ao mesmo tempo. Imagine se isso perdurasse por toda a vida: pedestres cairiam desajeitadamente sobre os traseiros caso alguém distraísse sua atenção por um instante pedindo uma informação. Contudo, felizmente, o inconsciente aos poucos assume o controle. Os anteriormente difíceis aspectos do caminhar — manter o corpo equilibrado, mover-se para frente, toda a rotina pé-esquerdo-pé-direito — se tornam automáticos e sem qualquer esforço mental. Assim que uma habilidade passa ao domínio da mente inconsciente, liberamos pensamento consciente para outras tarefas. O aprendiz de motorista não é um bom conversador, pois sua mente consciente está totalmente ocupada com as complexidades de girar o volante, mudar marchas e ligar o pisca-pisca. Quando dirigir se torna automático, podemos oferecer ao companheiro no banco do carona algo mais interessante do que uma série entrecortada de resmungos e gritos abafados de "Desculpe!". Preciosos pensamentos conscientes se tornam disponíveis novamente.

O pensamento consciente *é* precioso. Mais conhecido como um fluxo, e não um afluente, de consciência, o pensamento consciente limita você a apenas uma linha de diálogo interior de cada vez. Assim, como há apenas um exemplar do seu consciente, você necessita, em tempo integral, de um batalhão de ajudantes do andar mental de baixo. Obviamente, nada há de secreto ou ameaçador na idéia de o consciente ordenar "Para casa, James" e o inconsciente obedecer e assumir com calma a rotina da movimentação. Contudo, e se o inconsciente pudesse deflagrar o puro ato de desejar e iniciar a busca de um objetivo sem qualquer comando consciente do andar de cima?[2] Uma pesquisa recente flagrou o inconsciente fazendo exatamente isso. Se você é um motorista experiente, uma curva da estrada ativa o inconsciente para ajustar o volante sem que tenha de pensar sobre o assunto. Você pode ver a curva, mas não se dá conta do efeito automático que ela tem sobre sua direção. De forma semelhante, à medida que nos tornamos navegadores experientes da estrada social, pessoas e situações que encontramos ativam automaticamente nosso inconsciente para ajustar nossa direção social com objetivos bem-conhecidos sem que ao menos tomemos conhecimento disso.

Nosso inconsciente é particular e facilmente ativado dessa forma pelas pessoas porque nossos relacionamentos são excepcionais fontes de motivação e objetivos. Como nenhum capítulo sobre o inconsciente, por mais moderna que seja a abordagem, estará completo se as mães não forem mencionadas, tomaremos o valioso desejo de deixar mamãe orgulhosa como um exemplo de objetivo interpessoal. Se este for um de seus objetivos (espero sinceramente que seja), então seu inconsciente não deixará de observar que, quando você se pega pensando "O que minha mãe diria?", você se esforça para ser e fazer o melhor. Assim, o que o solícito inconsciente faz é estabelecer automaticamente o objetivo para que você prossiga por aquele quilômetro adicional sempre que algo evocar nele a lembrança de sua mãe. Enquanto isso, você — quer dizer, o você consciente — não faz a menor idéia de estar agindo sob a influência de uma pauta oculta.

Em uma demonstração desse fato, pesquisadores recrutaram estudantes voluntários que, muitos meses antes, haviam sido instados a escrever toda sorte de propósito que tivessem em relação a suas mães.[3] Os voluntários foram escolhidos de modo que, mais ou menos, metade tinha o propósito de fazer mamãe feliz, e metade não.

Os pesquisadores, então, cutucaram o inconsciente para ativar, em alguns dos voluntários, propósitos relacionados à mãe. Eles fizeram isso ativando o esquema da mãe, para usar termos técnicos. Esquemas constituem o sistema de arquivamento de sua mente. Psicólogos cognitivos pensam que quase tudo que aprendemos sobre o mundo é ordenado com cuidado em um esquema. Prefiro pensar em um esquema como uma grande cama cheia de células cerebrais adormecidas; as células na cama representam uma parte diferente do esquema. Assim, por exemplo, no esquema para cães, você encontrará células cerebrais que, quando despertas e ativas, indicam que cães têm quatro pernas. Há, ainda, os neurônios que guardam a informação de que cães ladram, neurônios que lembram você de que cães têm pêlo e todos os neurônios para qualquer outra coisa que você saiba sobre o conceito de cães. E todos estão amontoados na mesma cama.

Ativar ou estimular um esquema é como despertar algumas células cerebrais. Como todas estão confortavelmente aconchegadas umas às outras, despertar um grupo de células cerebrais perturba o sono de todas as outras e facilita seu despertar. Células cerebrais quase despertas têm maior probabilidade de responder a um chamado do consciente que células cerebrais que dormem calmamente na cama de algum outro esquema. (Por exemplo, pesquisadores ativaram o esquema "asiático" em alguns voluntários usando um pesquisador asiático para apresentar uma tarefa de completar palavras.[4] Para os outros voluntários, o pesquisador era caucasiano. A tarefa consistia em formar palavras a partir de fragmentos como CORT_S e RE_ATADO. Os voluntários, cujos esquemas asiáticos foram ativados pelo pesquisador asiático, demonstraram maior probabilidade de reproduzir palavras do esquema asiático, como CORTÊS e RECATADO, em vez de, digamos, CORTES e RELATADO.)

Retornando ao nosso experimento de deixar-mamãe-orgulhosa, os pesquisadores ativaram o esquema da mãe em alguns dos voluntários fazendo várias perguntas sobre suas mães: que idade ela tinha quando se casou, seus passatempos, preferências políticas e assim por diante. Em outras palavras, eles despertaram todas as células cerebrais envolvidas com informação sobre mamãe: principais eventos de sua vida, interesses e valores. Eles sabiam que isso também perturbaria as células cerebrais relacionadas a "mamãe: objetivos da", que estariam todas descansando em alguma outra parte da mesma cama. Aos voluntários não estimulados foram feitas perguntas relativas a eles próprios; seus esquemas da mãe permaneceram intocados. A seguir, foram instados a tentar uma tarefa de habilidade com palavras, que envolvia produzir, a partir de um conjunto de sete letras, tantas palavras quanto fosse possível em um período de cinco minutos. O desempenho deles na tarefa dependia tanto se tinham o objetivo de deixar mamãe orgulhosa quanto se seus esquemas da mãe haviam sido ativados. Voluntários que desejavam deixar suas mães orgulhosas *e* tiveram seus esquemas da mãe ativados se saíram muito melhor que todos os outros grupos.

Não ache, entretanto, que esses voluntários pensavam conscientemente "Devo me sair bem para poder contar isso à minha mãe e deixá-la orgulhosa de mim". Ao final, foram cuidadosamente questionados, e nenhum se deu conta de que responder a perguntas a respeito da mãe pode ter influenciado seu desempenho na tarefa de habilidade com palavras. Na verdade, foi o solícito inconsciente que, enquanto despertava uma porção do esquema da mãe na primeira parte do experimento, também pôs em ação o objetivo de deixar mamãe orgulhosa, influenciando o empenho dos voluntários na tarefa de produzir palavras.

De fato, a prova de que o inconsciente realmente age por conta própria (e não em resposta às decisões conscientes para um empenho maior) advém de experimentos em que o estado consciente é totalmente esquecido. No estímulo subliminar, uma imagem ou palavra (por exemplo, a palavra "mãe") é mostrada tão brevemente que você não tem tempo de se tornar consciente dela, mas por tempo suficiente para que o inconsciente, mais rápido, note-a. (Algo entre um décimo de segundo e meio segundo é suficiente.) O estímulo subliminar de voluntários tem exatamente o mesmo tipo de efeito que o estímulo no experimento de deixar-mamãe-orgulhosa. Por exemplo, alguns voluntários foram estimulados de forma subliminar com a palavra "pai" antes de um teste de raciocínio analítico.[5] Depois, foram questionados se seria importante para seus pais que eles, os voluntários, tivessem bom raciocínio analítico. Entre os que disseram sim, fez grande diferença se a palavra "pai" havia sido exibida de forma subliminar ou não antes do teste de raciocínio. Voluntários estimulados pró-pai tiveram desempenho significativamente melhor do que seus pares não estimulados. Embora ignorassem totalmente o sub-reptício estímulo paternal, mesmo assim este teve o poder de fazê-los trabalhar com mais empenho.

O que esse e muitos outros experimentos similares mostram é que coisas aparentemente triviais em nosso ambiente podem influenciar nosso comportamento. Objetivos dormentes são ativados sem que nos demos conta. Isto não quer dizer que, necessariamente, não percebemos o estímulo em si. Entretanto, ignoramos o efeito que tem sobre nós. Sem nosso conhecimento, começamos de modo imediato a perseguir um objetivo que foi ativado por algum evento aparentemente inócuo. Por exemplo, se alguém pergunta a você sobre um velho amigo e, então, lhe pede um favor, você será muito mais solícito. Isto ocorre porque pensar sobre amigos inconscientemente ativa o objetivo de ajudar, como mostrou um experimento.[6] Eventos e objetos aparentemente fortuitos parecem ter estranhos poderes sobre nosso comportamento, e a especulação começa onde os experimentos terminam. Será que aquela encantadora fotografia de sua família em sua mesa de trabalho o encoraja a ir para casa mais cedo sem que você perceba? Se você tem um prazo final se aproximando, seria melhor substituir a foto da família por uma de seu chefe, por exemplo? O que dizer sobre o grampeador? O que *aquilo* pretende? Parece bastante inocente, mas quem sabe que turbilhão de motivos pode estar ativando em seu cérebro?

Ok, é provável que o grampeador seja inocente. Todavia, há inúmeros outros suspeitos — a carta de sua mãe na escrivaninha, a canção que você ouviu no rádio a caminho do trabalho, talvez até aquele pombo morto na calçada —, e todos eles podem estar alterando o curso de sua vida à sua própria e discreta maneira. O inconsciente não pára naquela ativação involuntária de objetivos que, pelo menos, são motivos que você aceita de modo consciente. Todo tipo de esquema pode ser ativado, e, quando é, nosso comportamento se altera em conformidade. Em uma das primeiras e extraordinárias demonstrações desse fenômeno, voluntários tinham de desembaralhar diversas frases nas quais as palavras estavam fora de ordem.[7] Para alguns, as frases usavam palavras relacionadas ao estereótipo de uma pessoa idosa: "enrugada", "amarga", "tricotar", "esquecida", "teimosa" e assim por diante. Os outros voluntários desembaralharam frases com apenas palavras neutras. O objetivo era ativar o esquema do "idoso" no primeiro grupo de voluntários e ver que efeito teria em seu comportamento. Assim que eles terminaram a tarefa e recolheram seus pertences, o pesquisador lhes agradeceu, os acompanhou até a saída e apontou o elevador no final. Contudo, o experimento ainda não havia terminado: um auxiliar, escondido no corredor, secretamente cronometrou o tempo que os voluntários gastaram para atravessar o corredor. As pessoas que haviam rearranjado palavras relacionadas a pessoas idosas se comportaram, na verdade, como velhotes encurvados no percurso até o elevador, andando de forma significativamente mais lenta do que os outros voluntários.

Como você pode imaginar, essa generosa propensão de seu inconsciente de convidar qualquer esquema que bata na porta dos fundos para entrar e participar da festa pode ser uma coisa boa ou ruim. Tudo depende do esquema. Pessoas ativadas com o esquema de professores — uma raça supostamente inteligente e sábia — desbravaram o caminho para o sucesso no jogo Trivial Pursuit,* em comparação com outras que não foram beneficiadas.[8] Contudo, em vez disso, ative pessoas com o esquema dos torcedores vandálicos de futebol, e o resultado será um desastre de Trivial Pursuit. Tire o pó do esquema de gentileza nos cérebros das pessoas, e a maioria esperará pacientemente mais de dez minutos sem interromper a ordinária conversa do pesquisador com um outro estudante. Acenda, em vez disso, o esquema da grosseria, e a maioria das pessoas irá se intrometer na conversa muito antes que dez minutos tenham se passado.[9]

Como se essa confusão mental já não fosse suficiente, talvez também precisemos nos preocupar com a possibilidade de nosso promíscuo inconsciente ser cortejado por impudentes campanhas publicitárias subliminares. Muitas pessoas ouviram falar do nefasto *début* do estímulo subliminar no mundo da propaganda nos anos 1950. James Vicary, executivo de uma fracassada agência de publicidade, alegava ter feito disparar a venda de Coca-cola e de pipoca nos cinemas lançando, de forma subliminar, mensagens de "BEBA COCA-COLA" e "COMA PIPOCA" às inocentes pessoas que iam assistir aos filmes. Ele estava mentindo (não houve mensagens secretas). Vicary fez bem em não se dar o trabalho: propaganda subliminar não parece ter quaisquer efeitos reais nas atitudes das pessoas em relação aos produtos ou em seus comportamentos de compras.[10]

---

* Jogo de perguntas e respostas de conhecimentos gerais muito conhecido em todo mundo. No Brasil, é comercializado com este mesmo nome. (N.T.)

Entretanto, na época, publicitários ainda não tinham dominado por completo o complicado lado técnico do estímulo subliminar bem-sucedido. (Por exemplo, você precisa de muitos flashes da motivação, não apenas uns poucos, e palavras isoladas funcionam melhor que frases.)[11] Hoje psicólogos sociais estão se tornando inquietantemente bem-sucedidos em prender o inconsciente do consumidor. Usando técnicas modernas, podem influenciar as atitudes das pessoas em relação aos produtos anunciados. Voluntários que foram expostos, de forma subliminar, a um rosto feliz, antes de receberem uma bebida com sabor de fruta e considerada a mistura mais saborosa, beberam mais e, até mesmo, se dispuseram a pagar o dobro do preço pela bebida, em comparação a outros que foram expostos a rostos com raiva.[12] Em outro experimento, voluntários que foram estimulados, de forma subliminar, com palavras relacionadas à sede acabaram achando que aquela bebida que mata a sede, *FindaSede*, era superior à bebida energética *PotênciaPlus*. Também beberam maior quantidade, em comparação com voluntários que não foram estimulados dessa forma.[13] Porém, nos dois experimentos, todos tinham de estar saciados para que o estímulo funcionasse. O estímulo não teve efeito em voluntários que chegaram sem sede. Será, então, esta a nossa melhor defesa quando tiver início a nova onda de publicidade subliminar — tomar o cuidado de ir ao cinema apenas quando saciados e fartos até sair pelo ladrão? Infelizmente, mesmo isso pode não nos proteger. Pessoas que viram um episódio especial de *The Simpsons** não se deram

* Famosa série de desenhos animados da TV e do cinema. (N.T.)

conta de que 24 flashes de latas de Coca-Cola e do boxeador Sugar Ray Leonard* (brilhando de suor e parecendo muito necessitado de um grande copo de uma bebida gelada) haviam sido com cuidado inseridos entre os quadros. Todavia, ao final, sentiram-se estranhamente sedentos...[14]

Parte da razão por que publicitários podem, com tanta facilidade e com seus dedos sujos, macular sua opinião é que o taciturno inconsciente prefere deixá-lo no escuro em relação a muitas coisas. Em vez de interromper suas importantes ruminações a respeito do que gostaria de beber com o lanche, o inconsciente prossegue sereno, com a tarefa de ajudá-lo a tomar a decisão. Então, pouco disposto a perturbar seu prazer com a bebida escolhida, o inconsciente nem se dá ao trabalho de dizer-lhe que uma face sorridente, que apareceu à sua frente muito rápido para que seu laborioso consciente percebesse, é de fato a razão pela qual você escolheu um coquetel de frutas de origem duvidosa. Devido a essa relutância de nosso cérebro discreto em bradar, inúmeras vezes não temos grande discernimento das misteriosas engrenagens que geram nossas opiniões. Todavia, controladores que somos, sentimos necessi-

* Ray Charles Leonard: pugilista norte-americano conhecido como Sugar Ray Leonard e que se tornou um ídolo do esporte, nascido em 17 de maio de 1956. Passou a ser conhecido mundialmente após conquistar a medalha de ouro, na categoria peso médio, na Olimpíada de Montreal, em 1976. Foi também campeão profissional, tendo conquistado dois títulos mundiais nas categorias meio-médio e médio-ligeiro. Afastou-se do circuito de boxe durante a década de 1980, devido a um descolamento de retina. Nos anos seguintes, sua vida pessoal entrou em declínio, e Sugar Ray Leonard afundou-se nas drogas e no álcool. Retornou ao boxe em 1987 e conquistou títulos em mais três categorias: médio, supermédio e meio-pesado. Encerrou a carreira em 1991, contabilizando 36 vitórias (25 por nocaute), 3 derrotas e 1 empate. (N.T.)

dade de nos agarrar à ilusão de que sabemos o que se passa. Para manter essa agradável auto-ilusão, temos de assumir o papel de detetive e procurar evidências que expliquem nossos sentimentos. No entanto, infelizmente, quando a posição da evidência não é assinalada com um grande *X* para marcar o local exato, nosso talento como investigador se revela um tanto quanto precário. Ignorando os fatos reais, somos facilmente distraídos por pistas falsas. Ao tecermos uma teoria em torno delas, nossas conjecturas podem desfrutar o verniz da plausibilidade, mas são lamentavelmente errôneas.

Na vida cotidiana, embora todos seus vizinhos possam ter de engolir o riso quando você apresenta sua própria explicação de por que exatamente, uma semana antes de seu qüinquagésimo aniversário, saiu às pressas e comprou aquele novo, elegante e potente carro esporte, nem mesmo o analista mais experiente pode provar que você estava errado. Entretanto, dentro dos sóbrios limites de um laboratório de psicologia, você estaria menos seguro. Aqui, é fácil desconcertar o cérebro em suas postulações autoconfiantes. Em um desses experimentos, psicólogos pediram que voluntários predissessem em qual de três caixas na tela do computador apareceria um círculo vermelho.[15] Após cada resposta, a caixa selecionada revelava um círculo vermelho ou um círculo preto superposto a um padrão abstrato. Sempre que os voluntários escolhiam a caixa com o círculo vermelho, recebiam uma barra de chocolate para comer e — congratulando-se pela esperteza em intuir os movimentos de mais um pequeno ponto vermelho — a devoravam alegremente. No entanto, eles desconheciam que, se suas respostas eram corretas ou não, era predeterminado, pois o experimento tratava de algo muito diferente. O experimento havia sido elaborado de modo que o círculo vermelho aparecesse sobre um padrão particular, ainda que irreconhecível, enquanto o círculo preto aparecesse sobre um padrão diferente. O interesse real dos pesquisadores era saber se os voluntários, após o término do experimento, pensariam que o rabisco que aparecia junto com o círculo vermelho (e o doce) era esteticamente superior à imagem que aparecia com o círculo preto, que não dava qualquer recompensa, e a outros desenhos inexpressivos, não vistos antes.

Assim, fingindo que a porção importante do experimento havia terminado, o pesquisador perguntou aos voluntários se se importavam de opinar a respeito da atratividade de algumas imagens. A pilha que receberam incluía os padrões que já haviam visto. Para um cérebro não polarizado, nenhuma relação existia entre os padrões, mas os voluntários — o gosto de chocolate ainda persistia em suas bocas — revelaram uma predileção em relação a qualquer imagem que tivesse sido discretamente colocada sob os pontos vermelhos. Para nós, o porquê é óbvio. Como os cães de Pavlov, que salivavam ao som do sino que indicava a chegada do jantar, os voluntários associaram o padrão com a satisfação do paladar do chocolate. Contudo, não se deram conta disso. Na verdade, uma inquisição cuidadosa revelou que nem mesmo notaram que já haviam visto os padrões anteriormente. Entretanto, isso não os impediu que produzissem explicações de por que preferiram uma imagem em relação a outra. Buscando uma resposta no inexpressivo emaranhado dos desenhos, eles apresentaram razões incrivelmente plausíveis para suas preferências. A superioridade da imagem, afirmaram com confiança, vinha de sua semelhança com a colcha na casa da avó ou da semelhança com o oceano na Flórida. Se não fossem vítimas de um de nossos espertamente elaborados e insensíveis experimentos, não teríamos qualquer motivo no mundo para duvidar de suas palavras. No entanto, como os vizinhos de um dono recente de uma crise de meia-idade e de um esplêndido carro novo, rimos, ocultos por nossas mãos, da humilhante falta de visão do pobre tolo.

Como experimentos desse tipo revelam sem misericórdia, nossas desastradas tentativas de detecção estão mais para Closeau que para Poirot.* À medida que tentamos entender a nós mesmos, nossas especulações de *por que* sentimos o que sentimos podem nos desviar do caminho. Lembra-se dos estudantes de Stanford descritos no Capítulo 4 que, sob sugestão hipnótica, sentiram-se surpreendentemente excitados, mas não conseguiam recordar-se da razão daquilo?[16] As idéias que apresentaram para explicar as inesperadas sensações não apenas estavam erradas, mas também beiravam o patológico.

E não apenas nossos sentimentos podem nos iludir dessa forma. Segundo a teoria da autopercepção, as razões por trás de nosso real comportamento também são um mistério para nós.[17] Devido à falta de esclarecimento, devemos desempenhar a incômoda tarefa de deitar no divã do psiquiatra sempre que quisermos saber por que fizemos o que fizemos. Da mesma maneira que faríamos com qualquer um cujos tiquetaques internos desejássemos sondar, inferimos motivos a partir

---

* Inspetor Jacques Clouseau: atrapalhado detetive ficcional da série de filmes *A pantera cor-de-rosa*, do diretor Blake Edwards. Na maioria dos filmes, o personagem foi vivido pelo ator Peter Sellers, que ficou consagrado pelo papel. Hercule Poirot: sagaz detetive belga ficcional criado pela escritora Agatha Christie. Poirot é um dos mais famosos personagens da autora, tendo aparecido em 33 romances e 54 contos. (N.T.)

de qualquer coisa à nossa volta. Crianças do jardim de infância foram objetos de um clássico experimento que explorava uma hipótese aparentemente improvável.[18] Pesquisadores, armados com canetas coloridas, atacaram esses pequenos inocentes. Algumas das crianças foram informadas de que, caso se ocupassem desenhando com as canetas, seriam recompensadas com uma estrela dourada e com uma fita (dois itens muito excitantes para a típica criança em idade pré-escolar). Mantendo a promessa, após as crianças terem rabiscado um pouco, os pesquisadores solenemente deram a elas o adesivo e a fita. Outras crianças, em contraposição, também receberam canetas coloridas para brincar, mas sem qualquer incentivo particular para usá-las.

Alguns dias mais tarde, os pesquisadores retornaram ao jardim de infância, novamente equipados com canetas. Entretanto, desta vez, as canetas foram espalhadas casualmente para que as crianças brincassem com elas caso desejassem. Eles queriam saber que crianças seriam mais atraídas pelas canetas: aquelas que haviam sido recompensadas alguns dias antes ou aquelas cujas mãos permaneceram imaculadamente livres do suborno. Qualquer pai ou mãe que tenha cedido ao uso de atos corruptores de sedução — ou seja, qualquer pai ou mãe — pensará que os orgulhosos ganhadores das estrelas e fitas escolheriam brincar com mais tempo com as canetas. Afinal, isso é o que melhor se encaixa em nossa prática filosofia de cuidados paternais ou maternais: você suborna seus filhos para que se comportem da maneira que gostaria. Contudo, as crianças *não recompensadas*, na verdade, foram as que gastaram mais tempo brincando com as canetas. O motivo, segundo a teoria da autopercepção, é o seguinte: quando as crianças viram essa diversão opcional espalhada pelas carteiras pela segunda vez, tinham de decidir se queriam brincar ou não. Assim, seus cérebros perguntaram-se: "Será que *gosto* de desenhar com canetas coloridas?" Os cérebros das crianças no grupo das não recompensadas responderam segundo as linhas de "Bem, gastei todo aquele tempo desenhando com as canetas na semana passada; então acho que agora é hora de curtir. Acho que vou desenhar um retrato surrealista da mamãe. Oba!". Contudo, os cérebros das crianças no grupo das recompensadas responderam: "Droga, aquelas canetas chatas de novo. Sei que brinquei com elas na semana passada, mas foi só para ganhar a estrela e a fita. Onde fica mesmo a caixa de areia?"

Por revelarem os métodos ocultos do cérebro discreto, esses experimentos têm implicações inquietantes para todos nós. Quando refletimos sobre questões importantes em nossas vidas — por que preferimos este carro ou aquela casa, por que escolhemos esta profissão em particular ou por que estamos com aquela pessoa específica —, as respostas que apresentamos são apenas as melhores suposições. Podem ter pouco a ver com a verdade.

APRENDEMOS mais do que alguns fatos perturbadores a respeito de nossos inconscientes. Em todo caso, descrever o inconsciente como um mordomo mental ainda parece razoavelmente adequado. Embora, sem ser solicitado, seja muito comum que o inconsciente tome as coisas em suas próprias mãos e o mantenha no escuro a respeito de assuntos mais ou menos opressivos, mesmo assim ele está basicamente do seu lado. Mais importante de tudo: apesar dessas liberdades tomadas pelo inconsciente, o seu consciente ainda está mais ou menos no comando. Você pensa "Tomarei um banho" e, então, toma um banho. Você pensa "Vou subir agora" e, pronto!, começa a subir a escada. Você pensa "Vou mover o dedo indicador direito e batê-lo na escrivaninha" e — tum! — seu dedo se submete ao comando. Seus dedos, como todos seus membros e apêndices, são criados da senhorial vontade consciente. Todo dia, cada dia, todos nós decidimos fazer coisas que, exceto por algumas interrupções ou distrações, efetivamente fazemos. Mesmo para a mais inferior inteligência, é claro que a vontade consciente é que faz as coisas acontecerem.

Todavia, é essa a verdadeira cadeia de comando ou apenas pensamos que é? Afinal, sabemos que, algumas vezes, nossos corpos se submetem a comandos que dificilmente advêm de nossos conscientes. Imagine a mão que solta de repente o cabo quente da panela antes mesmo de sentirmos a dor ou o pé que pisa no freio antes que conscientemente registremos um acidente de trânsito adiante. Estes reflexos não são precedidos por qualquer decisão consciente e temos prazer em reconhecer o papel de nossa mente inconsciente por suas rápidas iniciativas.

Contudo, suponha por um momento que existe um lugar em nossa mente do qual nada sabemos — vamos chamá-lo comandante secreto — e que passa todo o tempo enviando idéias para nossa mente consciente. "Mande-o pensar 'Baterei o dedo indicador direito na mesa agora'", grita o comandante secreto e lá se vai a mensagem, direto ao consciente. Enquanto isso, os resmungões trabalhadores neurais obedecem ao comandante secreto e providenciam o real tamborilar dos dedos.

Do *seu* ponto de vista — nada sabendo a respeito do comandante secreto —, a ordem dos procedimentos parece ser:

1. Pense "tamborilar com o dedo".
2. O dedo tamborila.

Para nós, parece óbvio que o pensamento causou a ação, assim como uma bola que atinja um vaso faz com que ele caia do peitoril. Contudo, o verdadeiro curso dos eventos em nosso pequeno cenário fictício é bem diferente. Um misterioso processo inconsciente (o comandante secreto) causou o pensamento "tamborilar com o dedo" e pôs o dedo em movimento. Como nada sabemos sobre a atividade mental que teve lugar antes que tivéssemos a esplêndida idéia de tamborilar com nosso dedo, é muito razoável que infiramos que nosso dedo tamborilou porque assim desejamos.[19]

Você pode aceitar que essa idéia extraordinária — que nossa vontade consciente é uma ilusão errônea — seja logicamente possível. Sim, poderia acontecer, em teoria. Mas, por que cargas d'água deveríamos acreditar? Existe qualquer motivo para pensar que *não é* a vontade consciente que na verdade faz as coisas acontecerem?

Para responder a essa pergunta, devemos examinar o simples processo de mover um dedo com mais detalhe que você jamais imaginou ser possível. Em um importante experimento do pesquisador Benjamin Libet, voluntários fizeram movimentos de dedos espontâneos e desejados.[20] Isto não tinha nada de muito novo ou excitante para eles: apenas o velho "Pense 'mover o dedo' e, então, o dedo se move". Enquanto isso, Libet estava ocupado tomando medidas precisas. Para começar, detectou movimentos de dedos no momento em que aconteceram usando um sensor de músculo acoplado ao dedo do voluntário. Como um acessório complementar, a cabeça do voluntário estava coberta por eletrodos de escalpo que detectavam a atividade cerebral. Libet observou que, cerca de meio segundo antes que o dedo da pessoa se movesse, havia um curto e repentino período de atividade cerebral, chamado potencial de alerta. De pesquisas anteriores, Libet sabia que esse curto período de atividade nada tinha a ver com a implementação do real movimento do dedo: não era a mundana mas necessária instrução para levantar aquele dedo no ar. (Isto vinha mais tarde, imediatamente antes do movimento, na área de controle motor do cérebro.) O que Libet via quando o potencial de alerta ocorria era o próprio poderoso comando "Mova o dedo".

A grande questão para Libet era de onde vinha esse comando. Seria o potencial de alerta o disparar de um punhado de células cerebrais enquanto a decisão de levantar um dedo era realizada — vontade consciente? Ou corresponderia às atividades clandestinas do comandante secreto? A resposta residia no instante de tempo em que ocorria. Libet pediu aos voluntários que relatassem quando *exatamente* se deram conta de ter o desejo consciente de efetuar cada um dos movimentos de dedos. Eles fizeram isso usando um relógio especialmente projetado, com intervalos de tempo muito pequenos. Os voluntários foram cuidadosamente treinados para observar em que posição o ponteiro do relógio estava no momento em que tiveram o desejo consciente de mover o dedo.

Aqui está a coisa extraordinária. Eles somente experimentaram conscientemente a vontade de mover os dedos mais de um terço de segundo *após* o potencial de alerta. Em outras palavras, o inconsciente já estava ocupado preparando o movimento do dedo muito antes que a idéia ocorresse ao consciente. Você pode pensar que isso ocorreu porque os voluntários foram um pouco lentos em casar a consciência da intenção de mover o dedo com a posição do ponteiro do relógio. Contudo, para assegurar que não era esse o caso, em uma outra série de experimentos Libet estimulou as mãos dos voluntários e pediu-lhes que relatassem, usando o mesmo relógio, quando perceberam a sensação. Como Libet sabia de forma precisa quando as mãos dos voluntários haviam sido tocadas, ele pôde calcular o atraso associado ao uso do relógio. Mesmo alocando uma generosa margem para esse atraso, o potencial de alerta no experimento principal de Libet com o tamborilar de dedos ocorreu muito antes da intenção consciente.

Essa intrigante descoberta — que o cérebro pode estar ocupado preparando-se para intenções que você ainda não teve — nos deixa com a misteriosa questão de quem (ou o que) ordenou que o dedo se movesse? Não pode ter sido a vontade consciente. Terá sido nosso hipotético comandante secreto?

A possibilidade de que a vontade consciente seja uma ilusão desafia nosso senso de livre-arbítrio: aquele sentimento de que somos, de fato, os senhores de nossos destinos. Esta possibilidade nos força a ponderar se, talvez, nossas vidas sejam — como William James* colocou de forma tão vívida — "nada

* William James (1842–1910): psicólogo pioneiro e filósofo norte-americano. Seus livros sobre a nascente ciência da psicologia, abordando aspectos relativos à educação, religiosidade, misticismo, e sobre a filosofia do pragmatismo, da qual foi precursor, tiveram grande influência sobre a humanidade. (N.T.)

mais que o chacoalhar de uma corrente forjada inumeráveis anos antes". Se nossos chamados atos voluntários forem, de fato, as decisões incontroláveis do inconsciente discreto, como poderemos responsabilizar as pessoas por seus atos? Já é bastante irritante não poder, de modo justo, responsabilizar meu marido pela diversidade sonora de sua respiração, melodia que acompanha seu sono estranhamente desprovido de sonhos. Será que ele agora tem uma sólida desculpa para *todo* o seu mau comportamento? ("Não fui eu, querida. Foi o comandante secreto. Veja o Capítulo 6 de seu livro.") Todavia, nem tudo está perdido. Uma alternativa consoladora, oferecida pelo próprio Libet, é que o livre-arbítrio consciente tem um veto final sobre as intenções iniciadas inconscientemente que "borbulham" em nossos cérebros.[21] Segundo esse cenário mais reconfortante, o roteiro mental para nossa familiar encenação do tamborilar dos dedos poderia, em potencial, seguir de acordo com estas linhas:

COMANDANTE SECRETO: [para os neurônios à espera] Diga à Mente Consciente para pensar "tamborile o dedo". E levante aquele dedo.

Um terço de segundo mais tarde...
MENTE CONSCIENTE: Tamborilarei meu dedo... ah!, espere. Na verdade, não farei isso.
DEDO: [permanece parado]

Isso é, sem dúvida, um aprimoramento da conclusão de que nada mais somos que autômatos, iludidos a pensar que temos algum controle sobre o curso que nossas vidas tomam.

Isso também permite que, mais uma vez, responsabilizemos as pessoas por seus atos. Segundo esta sugestão de veto consciente, nada podemos fazer para evitar as más intenções que pipocam em nossas cabeças, mas temos o poder de abortar todos os planos de colocá-las em ação. Puxa! Devolvidos ao *status* de agentes que atuam livremente, podemos relaxar. Podemos mesmo? Considere o seguinte. E se o veto da mente consciente sobre as ordens do comandante secreto vier *ele próprio* do comandante secreto? Segundo esta desfavorável interpretação do que se passa atrás das cortinas — e é uma possibilidade perturbadora — a mente consciente é novamente rebaixada à condição de um acessório cheio de babados:*

> COMANDANTE SECRETO: [para os neurônios à espera] Diga à Mente Consciente para pensar "tamborile o dedo". E levante aquele dedo.
>
> MENTE CONSCIENTE: Tamborilarei meu dedo...
>
> COMANDANTE SECRETO: Mudança de planos. Alguém pare aquele dedo. E não deixe de dizer à Mente Consciente para mudar de idéia.
>
> MENTE CONSCIENTE: Ah!, espere. Na verdade, não tamborilarei meu dedo.
>
> DEDO: [permanece parado]

Assustador, não? Felizmente, o livre-arbítrio, se de fato um conceito, é tão atraente que é fácil demais ser tentado a cair no truque novamente. Até mesmo os filósofos, que tendem a dar

---

* A autora faz um trocadilho com as palavras *freely* (livremente, com liberdade) e *frilly* (com babados). (N.T.)

importância a esse tipo de coisa, em geral levam suas vidas diárias, se não as vidas profissionais, sem pensar duas vezes sobre o comandante secreto e o chacoalhar das correntes de conclusões passadas. Pode muito bem existir um comandante secreto planejando cada um de nossos pensamentos e atos, mas, pelo menos, ele é discreto em relação a isso.

ESPERO que você tenha desfrutado este passeio pela mente inconsciente. Esqueça Freud, esqueça os sonhos, esqueça o relaxamento em um confortável sofá de couro: a psicologia cognitiva é o novo olho espião na psique. (Você também pode querer notar que o custo deste livro mal pagaria dez minutos de psicanálise.) Outrossim, apesar das extraordinárias descobertas feitas a respeito do inconsciente nas últimas décadas, não deveríamos perder nossa humildade. Nunca se esqueça de que seu inconsciente é mais esperto, mais rápido e mais poderoso do que você. Ele pode até controlá-lo. Você jamais conhecerá todos os seus segredos.

CAPÍTULO 7

O Cérebro sem Força de Vontade

A prima-dona interior

MEU MARIDO E EU ESTAMOS finalmente na cama. Nosso filho, que já engatinhava, e que há pouco havia sido promovido do berço para a cama, tem desfrutado a facilidade com que pode agora sair de debaixo das cobertas, deixar seu quarto e juntar-se a nós. O fato de que correr pelo corredor em direção aos pais de rostos compenetrados seja tão divertido na trigésima vez como na primeira é um mistério ainda não explicado do cérebro de dois anos. O bebê dorme em paz durante todo esse episódio de rebelião noturna. Ele nasceu há quatorze semanas, o tempo exato que se passou desde a última vez que tivemos uma noite ininterrupta de sono. Estou desesperada, perigosamente cansada. Minha preocupação com o acordar durante a noite me consome, quase se tornando uma obsessão. Embora eu lute para me lembrar do número de meu próprio telefone, posso relatar com maçante precisão o momento de cada choro do bebê durante as horas de escuridão. Posso calcular de imediato o tempo que se passou entre as mamadas noturnas, mas me esqueço de palavras como "colher" e "carro". Estou exausta. Mais que qualquer outra coisa no mundo, necessito dormir.

Não consigo dormir.

Ouço a respiração suave e abafada do bebê. Extrapolando com base nas últimas noites infernais, estimo ter cerca de 200 minutos para dormir antes que ele acorde novamente. Ele se move. Fico tensa, aguardando para ver se ele está acordando. Ele continua dormindo. Agora disponho de aproximadamente 199 minutos para dormir. Exceto que, como acabo de me dar conta, preciso de pelo menos 5 minutos para apagar. Cento e noventa e quatro minutos. É tão frustrante estar acordada quando poderia estar dormindo que, perversamente, quase desejo que o bebê acorde.

Cento e noventa e três minutos.

"Por que você não dorme?", resmunga meu marido, despertado pela minha agitação.

"Estou tentando", repliquei com toda a paciência de que dispunha, ou seja, nenhuma. "Fico pensando sobre o pouco tempo de sono que terei até que o bebê precise de novo mamar."

"Isso não ajuda", aconselha meu marido. "Pense em outra coisa."

"Não *consigo*", eu digo. (Não me lembro se "seu idiota" foi dito em voz alta ou apenas pensado.)

Meu solícito marido me dá uma dica de um curso de meditação de oito semanas de duração no qual — em um momento incomum de espiritualidade que posso apenas atribuir à extrema privação de sono — havia se matriculado recentemente.

"*Limpe* sua mente", ele ordena na irônica e moderna fala lenta que sempre usa quando a conversa se volta para o reino físico. "Não pense — *sinta*. Foque a *sensação* do travesseiro em seu rosto." Ele sorri e, então, volta a dormir.

Obediente, volto minha atenção para a sensação do travesseiro em meu rosto. Contudo, em poucos segundos minha mente decide já ter colhido todo o interesse que podia dessa particular sensação. Ela está em um estado de espírito tão vivo que se entendia muito rápido. E passa a focar meus olhos relutantes e exaustos no brilhante mostrador do relógio. Cento e noventa minutos, e a contagem continua. Determinada a dormir, ordeno que minha mente retorne à soporífica contemplação do toque macio das penas de pato cobertas com tecido de algodão sob minha cabeça que zumbe. Ela me ignora. Tem outros assuntos a tratar: 189 minutos... 188...

Minha mente tem idéias próprias: não consigo nem mesmo controlar meus pensamentos. Com todo o meu poder, forço minha vontade a redirecionar a corrente da consciência, mas — embora *eu* esteja irremediavelmente desperta e acordada — minha vontade parece dormir um sono profundo.

É UM ÁRDUO trabalho estar encarregado de um cérebro. Apesar de toda ajuda recebida do mordomo mental, o consciente ainda tem um trabalho muito pesado. De forma irônica, uma de suas tarefas mais complicadas consiste em manter a si próprio sob controle. Tendo decidido se tornar um modelo de vida perfeita — dispensar sobremesas, trabalhar até tarde e parar de pensar naquele(a) atraente vizinho(a) —, o consciente deve seguir adiante. Todavia, como Aristóteles observou (talvez enquanto se servia da segunda fatia de baclava*), "a vitória mais dura é a vitória sobre nós mesmos". A força de vontade está pronta a combater o impulso de ceder ao desejo e — que pena! — quase sempre decide que é a perdedora. Você ordena firmemente que sua mente pare de remoer aquela multa por estacionamento proibido recebida de manhã ou a falta de sono, mas apenas de vez em quando ela se digna a obedecer-lhe. O autocontrole, como todos sabemos para nosso próprio desgosto, é um ator temperamental. Em algumas manhãs, despertamos com os pássaros e tocamos os dedos dos pés uma centena de vezes antes de mergulharmos em um banho frio. Em outras, os pássaros já estão tomando seu lanche do meio da manhã quando conseguimos desligar o despertador.

Alguns pesquisadores compararam o autocontrole, que luta — freqüentemente sem sucesso — para nos manter puros em pensamentos e ações, com um "músculo moral".[1] Isto porque, como qualquer músculo de carne e sangue, o autocontrole se torna fatigado com o uso. Na verdade, mesmo feitos modestos do autocontrole o deixam em um surpreendente estado de fraqueza, no que diz respeito aos atos subseqüentes de autocontenção. Considere, por exemplo, um grupo de voluntários famintos deixados em uma sala contendo uma tentadora bandeja de biscoitos de chocolate recém-assados, assim como um prato com uma grande pilha de rabanetes.[2] A alguns foi pedido que se servissem apenas dos rabanetes. Essas pessoas famintas resistiram bravamente à tentação dos biscoitos e comeram o número prescrito de rabanetes. (O esforço de

* Doce de massa folhada com recheio de amêndoas e mel, típico do Oriente Médio. (N.T.)

vontade que isso exigiu foi demonstrado de um jeito esplêndido por diversos participantes que foram vistos, por meio de um vidro espelhado secreto, pegando biscoitos e levando-os às narinas para inalar o aroma ardentemente.) Outros, mais afortunados, foram instruídos a se servir dos biscoitos. Na parte seguinte, e supostamente não correlata, do experimento, todos foram instados a resolver um difícil enigma. Os pesquisadores não estavam interessados se os voluntários resolveriam o enigma ou não. (Na verdade, o enigma era insolúvel.) Eles queriam saber por quanto tempo persistiriam tentando. Com o autocontrole esgotado, os voluntários que haviam sido forçados a comer os rabanetes persistiram menos da metade do tempo do que aqueles que haviam comido os biscoitos ou (caso você pense que biscoitos de chocolates proporcionam força interior) os outros que haviam pulado toda a parte de comida do experimento.

Na verdade, parece que resistir a tentações é apenas uma das muitas tarefas mentalmente onerosas realizadas pelo eu consciente que drenam o poder do músculo moral. Tomar decisões, realizar coisas, desenvolver planos, fixar a atenção na tarefa atual — em resumo, qualquer coisa que exija pensamento concentrado —, tudo isto exaure o mesmo conjunto de recursos mentais. Isso pode explicar por que é tão difícil fazer qualquer coisa — até mesmo algo simples como desligar a televisão — depois de um árduo dia de trabalho. Com a carga de sua bateria interior perigosamente baixa após uma série de situações que desafiam o intelecto ao longo de um dia de trabalho, a vontade pode relutar em fazer qualquer coisa, exceto colocar os pés para cima assim que você chega em casa. Em uma simulação do esforço diário, alguns voluntários receberam uma tarefa de elevado esforço mental — o equivalente de um laboratório de psicologia ao controle de tráfego aéreo.[3] Outros voluntários foram usados mais como operários de uma fábrica: sua tarefa era tão repetitiva e fácil que logo se tornava automática. A seguir, eles assistiram a um vídeo, que podiam interromper a qualquer momento apertando um botão. O vídeo desafiava até mesmo o pior dos piores programas de televisão, pois mostrava uma cena imutável de uma parede branca, à frente da qual havia uma mesa e um computador. Exaustos pela hercúlea tarefa na primeira parte do experimento, os controladores de tráfego aéreo ficaram curvados e inertes na frente da tela da TV por mais tempo que os operários, demasiadamente lentos para reunir a vontade para apertar um botão e encerrar o show.

Não é apenas a execução dos aspectos mais profissionais do eu que mina os recursos. Conter a parte mais sentimental, mais pegajosa de nossos eus, também é algo cansativo e, novamente, nos deixa com menos energia mental para outros tipos de auto-regulação. Alguns voluntários foram convidados a experimentar a autocontenção mantendo seus rostos como máscaras inescrutáveis escondendo um turbilhão de emoções. Depois, como descobriram os pesquisadores, eles dispunham de menos força de vontade para lutar com tarefas intelectualmente desafiadoras, em comparação com voluntários cujas vontades estavam frescas e sem uso.[4]

De fato, fingir qualquer tipo estranho de expressão é um ato que faz com que seu próximo desempenho, seja qual for, deixe muito a desejar.[5] Voluntários recrutados para um experimento foram instados a trazer um amigo a quem, foram informados, dariam uma falsa entrevista. Alguns foram instruídos a responder as perguntas na forma modesta que é comum usarmos com nossos amigos (que nos conhecem suficientemente bem para ver por entre nossas modestas meias afirmações.) Em contraposição, outros receberam a embaraçosa tarefa de, desavergonhadamente, promoverem-se diante do amigo que, sabiam, não fazia a menor idéia de por que, repentinamente, haviam se tornado fanfarrões.

A seguir, os entrevistados receberam uma imensa lista de problemas de multiplicação de números de três dígitos por números de três dígitos, para serem resolvidos com o auxílio de uma calculadora. Os pesquisadores os instruíram para que prosseguissem até que todos os problemas fossem resolvidos ou até decidirem desistir do trabalho. Os voluntários autoenaltecedores, que tiveram de superar a humildade que normalmente aparentamos na companhia de amigos, dispunham de pouca energia nervosa para devotar ao produto de 234 *x* 889 e semelhantes. Largando seus lápis em sinal de derrota após meros dez minutos, em média, de exercício, trabalharam cerca da metade do tempo dos outros.

Não é apenas abrir o verbo que drena os recursos disponíveis para você caminhar na calçada. Como você pode começar a temer, as infelizes conseqüências de secar um recurso também podem funcionar de modo oposto: mergulhar em nossos limitados meios mentais para completar uma tarefa difícil diminui nossas chances de causar boa impressão. Cognitivamente exaurido, o lado mais feio de nossa natureza começa a se revelar por entre as rachaduras na fachada que de maneira comum apresentamos aos outros. Em uma série de experimentos, pesquisadores debilitaram voluntários com uma variedade de tarefas mentais exigentes e, a seguir, sentaram-se, a fim de observar o desafortunado efeito que isso teve na habilidade deles em se apresentarem de forma favorável.[6] Sem o vigor mental necessário para manter suas tendências mais repreensíveis sob controle, os mentalmente cansados voluntários se tornaram falastrões ou friamente calados diante de estranhos. E, lamento dizer, também se esforçaram menos que de costume para disfarçar a muito boa opinião que tinham deles próprios.

A rápida exaustão sofrida pela vontade é sem dúvida uma característica lamentável de nossa constituição mental. Entretanto, podemos estar seguros de que o músculo moral, se bem descansado, é confiável?

Infelizmente, não. A vontade não apenas se esgota rapidamente, mas também pode deixar de funcionar devido a um mau estado de espírito e, então, insistir em persuadir-se a retornar ao bom estado de espírito antes de retomar o trabalho de mantê-lo na linha. Um distúrbio emocional altera nossas prioridades. Deixamos de fixar nossos pensamentos em relação a como queremos parecer em nossos trajes de banho neste verão, nos pulmões rosados e saudáveis que queremos recuperar ou na entrada para a compra da casa de nossos sonhos, para a qual estamos economizando. Em vez disso, exigimos de modo petulante que passemos a nos sentir bem de novo — *imediatamente* — e, impulsivamente, buscamos o reconfortante biscoito, cigarro ou artigo de luxo.

Para observar essa mudança de foco do longo para o curto prazo, pesquisadores perturbaram alguns voluntários pedindo-lhes que imaginassem, tão intensamente quanto pudessem, como se sentiriam se desrespeitassem um sinal vermelho de trânsito e, em conseqüência disso, causassem um acidente, matando uma criança.[7] Outros voluntários receberam a tarefa mais feliz de se imaginarem salvando a vida de uma criança. Assim, cada um foi conduzido a uma sala para participar de um "teste de sabor não relacionado". Tigelas repletas de tentadores biscoitos com formato de peixe, biscoitos de chocolate e *pretzels** foram dispostas diante dos voluntários. (As tigelas foram cuidadosamente pesadas antes e depois que os inocentes voluntários foram deixados para se servirem.) Em comparação com os voluntários mais alegres, aqueles que, pouco antes, foram enfraquecidos pelo deprimente exercício de imaginação empanturraram-se das guloseimas, mas apenas quando pensaram que isso os alegraria. Antes do teste de sabor, em uma distorção da familiar oferta de comida como reconforto, alguns foram informados de que, "contrário à crença popular, uma evidência científica mostra que comer não faz alguém se sentir realmente melhor". Os voluntários angustiados que ouviram isso conseguiram evitar se empanturrarem das guloseimas.

Da mesma forma, em um tipo semelhante de experimento, pessoas deixadas em um estado miserável foram aconselhadas a prepararem-se para um teste de matemática. A seguir, foram deixadas a sós, por um quarto de hora, em uma sala supostamente privada. Sendo espiados por uma abertura em um vidro espelhado encortinado, foram analisados enquanto liam revistas vulgares, se ocupavam com jogos e bisbilhotavam gavetas das escrivaninhas.[8] Eles não gastaram mais de um minuto praticando somas. Contudo, pessoas igualmente tristes — e informadas de que seu atual baixo estado de espírito havia sido provocado por uma vela de aromaterapia e que assim per-

* Tipo de rosca salgada muito popular nos Estados Unidos, em forma de laço. (N.T.)

maneceria — demonstraram muito menor resistência ao ímpeto de procrastinação. Pensando que estavam presas aos sombrios sentimentos, não tentaram alegrar-se, mas persistiram com as somas. *Podemos* exercer autocontrole quando estamos tristes — usualmente, apenas escolhemos não exercê-lo porque é mais importante para nós nos sentirmos bem do que estarmos bem.

Então, quando descansado e contente, o músculo moral certamente está capacitado e pronto para executar suas tarefas?

Não. Estranhamente sensível à sua audiência, a vontade também pode ser distraída pela rejeição. Aqueles de nós que, quando crianças, careceram de suficiente coordenação física ou social recordarão vivamente o tortuoso processo de escolher times na época da escola — o crescente temor de que seria você que, chamando a atenção pela rejeição, ficaria sozinho ao final, indesejado pelos dois lados. Em uma simulação em laboratório desse terror da infância, pesquisadores reuniram pessoas em grupos de seis, mais ou menos, e lhes pediram que travassem conhecimento umas com as outras.[9] A seguir, cada pessoa foi levada a uma sala privada e instada a dizer com quais dois dos outros participantes mais gostaria de trabalhar na próxima tarefa. Alguns foram escolhidos aleatoriamente para serem os garotos populares: todos queriam trabalhar com eles, foram informados pelos pesquisadores. Contudo, como isso não era possível (assim prosseguia a encenação), teriam de trabalhar sozinhos. O outro grupo era formado pelos rejeitados da turma. "Odeio dizer-lhe isso", mentia com facilidade o pesquisador, "ninguém o escolheu como alguém com quem gostaria de trabalhar. Assim, você terá de fazer a próxima tarefa sozinho." Cada pessoa foi, então, deixada em uma sala onde havia uma tigela com 35 biscoitos de chocolate para serem provados. Ele(a) era instruído(a) a comer tantos quanto necessário para julgar o sabor, aroma e textura. Após cuidadosa inquirição (que esperamos que tenha sido adequada para combater o fenômeno da perseverança de crença que encontramos no Capítulo 5), os voluntários receberam agradecimentos e foram dispensados.

O pesquisador contou quantos biscoitos sobraram na tigela. Os voluntários populares provaram, em média, cerca de quatro biscoitos. Isto, pensaram eles, era mais que suficiente para que dessem uma opinião exaustivamente pesquisada sobre a qualidade gastronômica dos biscoitos. Em contraste (e em sintonia com o estereótipo do rejeitado social que se consola com calorias), os voluntários rejeitados sentiram a necessidade de comer duas vezes mais biscoitos para executar a mesma tarefa.

Talvez, você pode pensar, eles apenas queriam elevar seus espíritos após o desgosto da primeira parte do experimento. Todavia, parece que não. Estudos posteriores mostraram que foi algo completamente diferente que deixou o autocontrole em greve. Usando uma nova técnica para fazer as pessoas se sentirem mal, os pesquisadores deram a um novo grupo de estudantes uma falsa realimentação sobre um questionário de personalidade. Alguns foram informados de que suas notas revelavam que eram o tipo de pessoa que, mais tarde, terminaria rejeitada, miserável e solitária. "Você pode ter amigos e relacionamentos agora", foram avisados, "mas, quando tiver uns 25 anos, a maioria terá se afastado. Você pode até casar ou ter vários casamentos, mas estes, provavelmente, durarão pouco e não resistirão até seus 30 anos." (De fato, faltou apenas o pesquisador garantir que os cadáveres desses voluntários apodreceriam nos apartamentos vazios por semanas após suas mortes, até que fossem um dia descobertos pelos senhorios.) Outros foram induzidos a esperar um tipo diferente de infortúnio: que, mais tarde, ficariam muito sujeitos a acidentes ao longo da vida. Seus membros se quebrariam como gravetos sob os pés, e carros passariam acidentalmente por cima deles. Em resumo, a vida futura não seria muito diferente de uma macabra comédia pastelão.

Tendo selado o destino de cada voluntário dessa forma, o pesquisador conduziu-os à fase seguinte do experimento. Ajustando cuidadosamente um par de fones nas orelhas, o pesquisador explicou que cada uma escutaria algo diferente. Em vez de prestarem atenção ao interessante discurso a respeito de um tema político que fluía em seus ouvidos direitos, deviam se ater somente à maçante seqüência de palavras soltas que pingava em seus ouvidos esquerdos. Para que o pesquisador pudesse avaliar quão bem os voluntários eram capazes de controlar a atenção, eles foram instruídos a escrever cada palavra falada em suas orelhas esquerdas que contivesse a letra *m* ou a letra *p*. As pessoas para as quais foi predita uma vida de triste solidão obtiveram apenas uma nota muito irregular nessa tarefa. Sua atenção vagava de modo desobediente, de maneira que perderam quase um quarto das palavras que deveriam ter anotado. Os outros voluntários, em contraste, tiveram um desempenho muito mais entusiástico, com uma taxa de acerto de 90%.

Os pesquisadores, curiosos em saber por que a perspectiva de exclusão social (mas não um tipo diferente de infortúnio) tornaria as pessoas menos aptas ou capazes de controlar a direção de sua atenção, investigaram se era um particular estado de tristeza nos voluntários de solidão futura que corrompia sua força de vontade. Entretanto, resultados de questionários para avaliar o estado de espírito (que todos os voluntários preencheram antes de colocar os fones de ouvido) mostraram que as pessoas ameaçadas com solidão futura não estavam com o ânimo mais baixo que os outros voluntários. Um mau estado de espírito, portanto, não poderia ter sido a razão que tornou as pessoas tão desatentas na tarefa de audição depois de terem sido informadas de que viveriam sem ser amadas.[10]

Talvez, os pesquisadores ponderaram, se você for informado de que é uma pessoa de quem ninguém irá gostar, isto o faça odiar olhar para dentro de si mesmo, receando as deficiências e falhas pessoais — justamente as razões por ter sido rejeitado pelos outros — que você pode trazer à tona. A decisão de permanecer resolutamente determinado a não pensar sobre você próprio, certamente, o ajuda a evitar revolver auto-revelações. No entanto, ao mesmo tempo, o eu interior o deixa inapto para fazer os tipos comuns de comparações entre "o que estou fazendo" e "o que *deveria* estar fazendo", tão essenciais para manter o eu na linha. Se foi este o problema com as pessoas induzidas a se sentirem não gostáveis, os pesquisadores raciocinaram, então forçar a atenção dos voluntários rejeitados a se voltar para eles próprios deveria recolocar sua auto-regulação em ação. Os pesquisadores conseguiram isso usando um equipamento muito comum — um espelho. Veja só, esse humilde utensílio doméstico foi tudo do que precisaram para reverter completamente os efeitos danosos da exclusão social. Alguns dos voluntários induzidos à solidão futura foram posicionados casualmente diante de um espelho para a tarefa de audição e, confrontados com suas imagens, foram compelidos à auto-reflexão. Como resultado, escutaram cada palavra da seqüência aleatória de forma tão produtiva como os outros voluntários, cujos egos tinham permanecido intactos.

A vontade, você está aprendendo, tem uma lista de exigências para o camarim tão longa quanto a da celebridade mais egoísta. Ela não pode trabalhar em excesso. Deve ter apenas felicidade e luz à sua volta. E, como acabamos de descobrir, deve sentir-se amada e querida todo o tempo. Além disso, embora em situações duras e difíceis ela possa valentemente clamar que o show deve continuar, as tentativas da vontade de superar adversidades são na maioria malsucedidas. Tanto estresse como distração têm efeitos muito maléficos sobre a habilidade da mente consciente de permanecer focada e no controle de si mesma. É estranho mas verdadeiro que, quanto mais arduamente tentamos relaxar e esquecer nossas angústias, quanto mais determinados somos em nos alegrarmos e esquecer nossos problemas ou quanto mais intensamente tentamos nos desligar e ir dormir, mais os pensamentos de estresse, tristeza ou insônia martelam a nossa consciência.

Por que nossos pensamentos podem ser tão desobedientes? Não é com freqüência que tenho motivos para notar deficiências comuns às observações feitas por meu marido e aos escritos do grande filósofo René Descartes. Contudo, se o famoso pensador estivesse conosco naquela noite que passei me agitando e virando na cama, incapaz de dormir, ele poderia muito bem ter acrescentado ao conselho de meu marido uma admoestação de sua terceira máxima: se há algo neste mundo que podemos e devemos conquistar, são nossos próprios pensamentos.[11] No entanto, como todos — exceto o maior especialista em meditação — concordariam, um pensamento perturbador é um adversário extremamente duro. (Como o psicólogo Daniel Wegner espirituosamente comentou, "Descartes talvez devesse ter parado na segunda máxima".)

O problema tem origem na maneira que o cérebro aborda o controle mental. Segundo a teoria irônica de processo, tanto você (isto é, o você consciente) quanto seus processos mentais inconscientes trabalham juntos para manter pensamentos indesejados fora da mente.[12] Quando esta colaboração funciona com harmonia, você é capaz de direcionar sua atenção para longe dos tipos de pensamentos que tenta evitar. Em vez de ficar perdido nos preocupantes pensamentos que, algumas vezes, gostam de aparecer na hora de dormir, você se concentra com serenidade na contagem de um grande número de carneiros ou na suave sensação do travesseiro em seu rosto. Enquanto isso, lá embaixo, o mordomo mental está ocupado vasculhando qualquer pacote mental que poderia estar na escada a caminho de sua consciência. Ele sabe que você se distrai com facilidade, de modo que busca sem cessar qualquer sinal de alerta que possa atrapalhar sua tentativa de continuar dormindo. Quando encontra um pacote suspeito, imediatamente avisa às autoridades. "Cuidado", ele sibila em direção à escada. "Você está começando a pensar sobre a devolução do imposto de renda." Você rapidamente renova os esforços para evitar pensamentos indesejados, e a paz volta a reinar.

Infelizmente, enquanto o mordomo mental vasculha sua bagagem mental à procura de clandestinos ilegais, acaba estimulando os tipos de pensamentos que busca. Isto os perturba, deixando-os à beira do despertar e, como você sabe do capítulo anterior, *aumenta* a probabilidade de aqueles pensamentos chegarem à consciência. Quando o eu consciente está em sua melhor forma, sem qualquer outro assunto com que se ocupar, isso é tratado facilmente. Você responde tão prontamente aos avisos do mordomo mental que sua atenção nem chega a se desviar do alvo desejado.

Contudo, como sabemos, o consciente não é um muito bom executor de múltiplas tarefas. Se, ao mesmo tempo, você também estiver tentando tratar daquelas irritações que de maneira comum nos atacam — o barulho da televisão do vizinho, os estresses do trabalho ou da família, a irritante consciência da contagem regressiva do relógio —, então está em dificuldades. Incapaz de tratar das duas coisas de modo adequado, deixa de responder aos alertas do mordomo mental de que pensamentos indesejados estão prestes a forçar a entrada na consciência. De repente, você percebe que está pensando sobre a devolução do imposto de renda, e aqui vem a parte irônica da teoria irônica de processo. Como o mordomo mental esteve vasculhando a área, estimulando exatamente aqueles tipos de pensamento que você quer evitar, quando suas defesas conscientes estão baixas, a probabilidade de estes intrusos indesejados entrarem se torna *maior* do que se você jamais tivesse estabelecido o objetivo de mantê-los distante. Ao tentar controlar nossos pensamentos, acabamos plantando justamente as sementes de nosso próprio desassossego, como sugere Wegner, o autor da teoria. Quando a carga sobre o eu consciente é pesada demais, nossas próprias tentativas de manter certos tipos de pensamento fora da mente fazem com que eles a invadam, e em um número muito maior que se não tivéssemos tentado seguir a recomendação de Descartes para conquistar nossos pensamentos.

Por exemplo, em um experimento de que gosto, Wegner e seus colegas mostraram como nossas mentes podem de forma inadvertida agir contra nós enquanto lutamos para pegar no sono.[13] Voluntários receberam um toca-fitas portátil para usar na cama e foram instruídos a apertar o botão "*play*" assim que estivessem prontos para dormir, e a seguir qualquer instrução que ouvissem. A voz na fita disse a alguns deles que simplesmente fossem dormir assim que desejassem. Outros, ao contrário, foram informados de que a tarefa de pegar no sono era urgente e imediata. Eles deveriam cair no sono de imediato. E todos os voluntários passaram a ouvir os calmantes sons de riachos e suaves cantos de pássaros que se seguiam às instruções na fita. As pessoas que foram instruídas a dormir rapidamente, de fato, caíram nos braços de Morfeu antes que aqueles instruídos a dormir em seus próprios tempos. Sentindo-se calmo e livre graças aos sons relaxantes da natureza, o eu consciente foi capaz de devotar todas suas forças a essa tarefa. Em um perfeito trabalho de equipe, os andares mentais de baixo e de cima, juntos, asseguraram que somente pensamentos relaxadores alcançassem a consciência, e o sono chegou logo.

Dois outros grupos de voluntários, entretanto, não tiveram tanta sorte com a música escolhida pelo pesquisador. Em vez de sons que induzissem ao sono, eles (pobres carneiros) tiveram de ouvir uma banda de música tocando as estimulantes marchas de John Philip Sousa.* Novamente, alguns foram instruídos a dormir em seus próprios tempos, enquanto outros

---

* John Philip Sousa (1854-1932): compositor e maestro de banda norte-americano, famoso por suas marchas militares, tendo sido popularmente conhecido como "Rei da Marcha". Sua produção musical não se limitou às marchas, das quais compôs 136 — incluindo *The stars and stripes forever*, a marcha oficial dos Estados Unidos —, e consta também de cerca de 15 operetas, 11 suítes, 70 canções e outras peças. (N.T.)

receberam ordem para dormir tão rapidamente quanto pudessem. Contudo, desta vez, aqueles deixados aos próprios desejos foram os que primeiro aninharam-se nos braços de Morfeu. Os voluntários pressionados pelo tempo, ao acionarem os processos de controle mental para fazê-los dormir rápido, mantiveram-se paradoxalmente despertos. Distraído pelos agitados sons de Sousa, o andar mental de cima não pode cuidar, ao mesmo tempo, de seu papel de manter os pensamentos a distância. Como resultado, as comportas foram abertas aos pensamentos alertas estimulados pelo mordomo mental. De fato, esses voluntários precisaram de *mais tempo* para pegar no sono, em comparação com aqueles que não fizeram qualquer esforço especial para dormir.

EXISTEM, ao que parece, tantas razões para que a vontade nos falhe que é um mistério o fato de às vezes conseguirmos manter nossos pensamentos e impulsos sob rédea. A vontade é frágil, drenada pelas emoções; ela é melindrosa e tem poderes lamentavelmente limitados de concentração.

Contudo, vejamos o lado bom: pelo menos há muito espaço para melhorias. Tais análises de quando e por que sua vontade *não* é realizada oferecem, se não soluções, ao menos algumas indicações de como manter sua força de vontade saudável e forte. O que, por exemplo, se pode fazer de melhor a respeito dessa desastrada tendência do músculo moral de se fatigar com o uso? Uma opção é usá-lo com muita parcimônia. Meu pai, um filósofo profissional, tem um trabalho que exige que ele pense com intensidade sobre coisas muito difíceis. Isto, é claro, consome recursos mentais a uma taxa extraordinária. O segredo de seu sucesso como professor universitário, estou convencida, consiste em garantir que nenhuma parte de seu precioso poder cerebral seja gasta com outros e menos importantes assuntos. Ele tem vontade de provar um reles chocolate? Ele joga um pedaço na boca. Vestir a camisa já usada ontem dá menos trabalho que buscar uma limpa? Veste, então, a peça malcheirosa. Prefere sentar-se em uma poltrona confortável em vez de dar uma revigorante caminhada no parque? Poltrona confortável é a escolha. Graças a esse tratamento cinco estrelas, a força de vontade de meu pai — descansada e recuperada sempre que possível — pode dedicar-se à busca da sabedoria com a força de dez homens.

Embora nem todos possamos viver a charmosa vida de um estudioso bem-remunerado, o princípio geral — não espalhar demasiadamente nossa determinação interior — é importante. Se sua lista de decisões de ano-novo consistir em:

1. Parar de fumar
2. Iniciar um novo e extenuante programa de exercícios físicos
3. Comer apenas sopa de repolho no desjejum, almoço e jantar

você quase certamente fracassará. Não há força de vontade suficiente para dar conta de tudo. Escolha a luta mais importante e concentre-se nela.

É interessante que isso parece ser o que fazemos naturalmente quando confrontados com um desagradável lembrete de nossa moralidade. Pesquisadores pediram a um grupo de estudantes que recordasse a tragédia de 11 de setembro de

2001* (onde estavam quando ouviram a notícia, seus pensamentos e sentimentos).[14] A outras pessoas, foram feitas as mesmas perguntas a respeito de um incêndio que ocorrera no campus da universidade mais ou menos na mesma época e que, felizmente, não fez vítimas fatais. Aos voluntários foram, então, oferecidos salada de fruta e bolo de chocolate, supostamente em agradecimento por participarem do experimento. Os pensamentos mórbidos disparados pela recordação das mortes de 11 de setembro focaram as mentes dos estudantes muito intensamente naquilo que era importante para eles. Aqueles cuja estima era fortemente dedicada à própria aparência física demonstraram maior probabilidade de escolher a salada de fruta, em comparação com outros também presunçosos, mas cujos pensamentos haviam sido voltados para o incêndio no campus. (Ou seja, se você for uma pessoa desse tipo, manter uma caveira na geladeira pode ser justamente a chave para evitar que seus dedos deslizem em direção a tentações repletas de calorias.) No entanto, a atitude de outros voluntários — aqueles que consideravam seus corpos mais como um hotel para seus cérebros do que como um fim em si próprios — foi comer, beber e alegrar-se. Esses demonstraram maior, e não menor, probabilidade de mergulhar no bolo de chocolate caso fossem alertados que poderiam morrer no dia seguinte.

Uma terceira estratégia para manter o músculo moral preparado para quando mais precisarmos dele é exercitá-lo de modo regular. Embora, no curto prazo, exercitar a autocon-

* A autora refere-se à explosão das torres gêmeas do World Trade Center, em Nova York, por terroristas. (N.T.)

tenção consuma a vontade, parece que, ao longo do tempo, assim como ocorre com seus equivalentes físicos, o músculo moral se torna rígido e protuberante com o uso. Pesquisadores pediram que pessoas exercitassem o autocontrole *não* pensando em um urso branco por cinco minutos.[15] (Se você tentar isso, descobrirá que é algo difícil de ser feito.[16]) Para avaliar quanto esse exercício cansou a força de vontade, os pesquisadores pediram aos voluntários, antes e depois do experimento, que apertassem as mãos e as mantivessem apertadas por tanto tempo quanto fosse possível. Essa tarefa também exigia autocontrole para superar o ímpeto para relaxar. Enfraquecidos pela tarefa intermediária de não pensar em ursos brancos, os voluntários, não surpreendentemente, afrouxaram as mãos muito mais depressa na segunda vez.

O que os pesquisadores queriam saber, entretanto, era se era possível aumentar a força do músculo moral das pessoas exercitando-o. Com este objetivo em mente, pediram que alguns voluntários praticassem a autocontenção ao longo de algumas semanas: por exemplo, deveriam monitorar e melhorar a própria postura.[17] Durante duas semanas, eles foram instruídos, deveriam resistir à tendência natural para sentar curvados como um saco de batatas e andar cambaleando para cá e para lá. Em vez disso, deveriam permanecer sempre eretos todo o tempo e caminhar como se equilibrassem um livro na cabeça. Em contraste, outros ficaram livres para se comportar como bem entendessem durante esse tempo. Ao final das duas semanas, todos retornaram ao laboratório. Mais uma vez, foram testados: manter as mãos apertadas, suprimir os pensamentos sobre ursos brancos e manter as mãos apertadas de novo. Para os voluntários cujas vontades permaneceram ociosas por duas semanas o exercício de controle de pensamento deixou o músculo moral tão flácido e exausto como antes. Abatidos pelo esforço do exercício de controle de pensamento, seus músculos morais de novo afrouxaram o aperto das mãos com muito mais facilidade do que antes. Contudo, a força de vontade do outro grupo, bem-disposta e revigorada pelas duas semanas de treinamento, quase não foi afetada pela briga com os ursos brancos. Devido a essa recém-descoberta resistência, a sessão final de aperto de mãos destes voluntários mostrou que, agora, tinham mais capacidade de suportar os debilitantes efeitos da autocontenção anterior.

Seguindo adiante para considerar a estranha sensibilidade da vontade em relação ao predominante clima emocional e social, haverá algo que possa ser feito para manter a vontade funcionando mesmo quando nos sentimos tristes e não amados? Talvez o melhor que possamos fazer nessas circunstâncias seja nos lembrarmos que o problema não é que não conseguimos mais nos controlar, mas sim que temos menos disposição para fazê-lo. Recorde que pessoas de baixo-astral informadas que ceder à tentação não melhoraria seu estado de espírito foram capazes de se controlar, e não comer biscoitos de chocolate, tão bem quanto pessoas em um estado de espírito mais positivo. A perda de vontade que advém da rejeição por um mundo cruel pode, como o enervante efeito de sentir-se triste, ser superada. O que parece ser a chave para isso é resistir à tendência natural para evitar uma auto-reflexão possivelmente machucadora. Aqueles que acabaram de insultá-lo podem ficar um pouco surpresos quando você sacar imediatamente um espelho do bolso e nele passar a olhar-se atentamente, mas — quem sabe? — pode valer a pena tentar.

Entretanto, por mais que a vontade seja cultivada e cuidada com capricho, um problema permanece, como descobrimos. É difícil manter apenas um foco enquanto tratamos de nossas ocupações. A mente se torna uma presa fácil de distrações mentais, pois tem poucos poderes de concentração. Como a teoria irônica de processo indica, quando a mente fraqueja no pretendido projeto de manter certos tipos de reflexão longe dela, perversamente nos pegamos sendo assediados justamente pelos pensamentos que mais gostaríamos de evitar. Manter a vida simples, calma e em um ritmo sensato pode ser uma necessidade, e não uma fraqueza, caso queiramos manter nossos pensamentos sob controle, sugere Daniel Wegner.[18] E quando nossas vidas estão muito, muito distantes da tranqüilidade zen que seria ideal, nos sairíamos melhor se desistíssemos por completo da malfadada missão e deixássemos nossos pensamentos fluírem livremente. É melhor tratar de uns pingos de pensamentos desagradáveis do que de uma torrente deles. Com demasiadas outras coisas já em minha mente, o que em geral acontece com pessoas que sofrem de insônia, eu lutava uma batalha perdida com minha vontade recalcitrante. De modo curioso, o que eu deveria fazer era ter me esforçado para permanecer desperta. Sofredores de insônia instruídos a evitar, à hora de ir para a cama, cair no sono conseguiram de fato dormir mais rapidamente que o usual. A razão, segundo a teoria irônica de processo, é que a pessoa privada de sono desiste de suas fracassadas tentativas de suprimir os pensamentos alertas. Sem o mordomo mental para estimular tais pensamentos, eles têm menor probabilidade de invadir a consciência e mantê-la desperta.[19]

Leve todas essas lições a sério. Todavia, o melhor está por vir. Se é que aprendemos algo até aqui neste capítulo, foi que a vontade é caprichosa e temperamental: é a prima-dona interior. Colocada ao lado do inabalável mordomo mental — que não se cansa, é eficiente e supremamente capaz —, é desculpável fazer uma comparação bem desfavorável. Não seria maravilhoso se você pudesse contornar por completo aquela imperfeita e instável força de vontade? Imagine se, como um ocioso mas esperto ditador, você pudesse explorar o vasto poder do inconsciente para servir a seus próprios propósitos...

Mas você não pode fazer isso! Porém, isso exige algum esforço de sua parte. Lembre-se, do capítulo anterior, que objetivos, uma vez trabalhados repetidas vezes em uma situação particular, passam a ser estabelecidos de modo automático por sugestões no ambiente. Por exemplo, sem mesmo se darem conta, pessoas que pensavam ser importante deixar a mãe orgulhosa empenharam-se mais em uma tarefa de palavras após pensarem em mamãe. Esta útil característica do mordomo mental pode ser explorada a seu favor quando se tratar de assegurar que objetivos nobres e valorosos triunfem sobre impulsos básicos e vergonhosos. Se você tiver a disciplina de resistir a um especial tipo de tentação sempre que esta aparecer sedutoramente no horizonte, então, mais cedo ou mais tarde, seu inconsciente o recompensará juntando-se à briga em seu nome. A própria situação tentadora automaticamente estabelece o objetivo de resistir a ela.

Este útil truque pode até fazê-lo torcer o nariz para o chocolate, como mostraram os felizes resultados de algumas pesquisas extraordinárias.[20] Pesquisadores escolheram um grupo de alunas que tinha uma certa atitude de "Puxa, eu não devia ter comido aquilo" em relação à comida. Uma de cada vez foi levada a uma pequena sala repleta de revistas e outros acessórios cuidadosamente selecionados para induzir o inconsciente da mulher a trabalhar de uma forma específica. Na sala "para estimular dieta", as superfícies estavam cobertas com revistas sobre exercícios e dietas, com folhetos anunciando aulas de vigilância de peso pregados nas paredes. Outras mulheres foram levadas à sala "para estimular tentação". Aqui, a principal revista era *Chocolatier*, e, além disso, vários itens comestíveis à base de chocolate foram espalhados pela sala. Para um terceiro grupo de mulheres, que estavam sendo usadas como um maçante grupo de comparação, as revistas tratavam de economia ou geografia. A voluntária sentava-se na sala elegantemente decorada enquanto executava uma tarefa no computador, que revelava o efeito clandestino de estímulo em seu inconsciente. Ela via uma série de seqüências de letras e, em cada uma, tinha de decidir tão rapidamente quanto possível se era uma palavra real (incluídas entre estas estava a palavra "dieta") ou uma palavra sem sentido. Então — ah, tão casualmente — ela era instada a escolher entre uma barra de chocolate e uma maçã, em agradecimento por participar do experimento.

Como você pode esperar do que aprendemos no capítulo anterior, mulheres na sala que estimulava dieta reconheceram a palavra "dieta" mais rapidamente do que outras no grupo de comparação. Com o esquema dieta ativado, palavras que pertenciam a este esquema eram estimuladas a pular para a consciência durante a tarefa de reconhecimento de palavras. Além disso, com os *objetivos* do esquema dieta também ativados, quase dois terços dessas mulheres escolheram a maçã em vez da barra de chocolate. Isto mostrou uma extraordinária contenção do normal, pois quase dois terços das mulheres do grupo de comparação (que viram revistas de economia e geografia) escolheram a barra de chocolate. O discreto estímulo do esquema dieta diminuiu, com sucesso, a tendência natural das mulheres em escolher o chocolate.

Você pode, neste ponto, começar a temer pelas mulheres na condição que estimula a tentação. Será que, você pode perguntar, elas não apenas pegaram logo a barra de chocolate, mas também invadiram a sala do pesquisador à procura do resto do suprimento? Na verdade, não. Como estas mulheres estavam acostumadas a uma autonegação gastronômica, os inconscientes haviam estabelecido uma ligação forte e automática entre o esquema tentação e o esquema dieta; as próprias imagens tentadoras ativavam o esquema dieta. Como resultado, elas, além de identificarem a palavra "dieta" tão rapidamente como as mulheres na condição de estímulo à dieta, também mostraram um grau similar de abstinência. O fugaz encantamento da satisfação de curto prazo foi, com sucesso, imediatamente esmagado: hurra!

Tudo isso é muito estimulante, mas ainda há um problema ao qual devemos dedicar um pouco de atenção. O inconsciente só começa a amolar suas facas depois que você tiver um sólido histórico de resistência à tentação por meio de esforços conscientes. Se você for o tipo de pessoa que responde "Oba, *beleza*" quando lhe oferecem uma fatia de bolo, seu inconsciente pouco se esforçará para ativar o esquema de autocontenção diante da tentação.[21] Você não pode sair por aí atirando doces goela abaixo e esperar que o inconsciente aja corretamente. Embora seja maçante, você precisa desenvolver bons hábitos para que essa estratégia de aprimoramento da força de vontade funcione.

Felizmente, os psicólogos parecem, entretanto, ter descoberto uma forma para desenvolvermos bons hábitos, instantaneamente. O segredo não consiste apenas em tomar uma decisão. ("Escreverei um livro antes que meu filho nasça.") Você também deve estabelecer exatamente como e quando você a executará. (É claro que se seu cônjuge, como o meu, ganhar um salário mandando nas pessoas, esta parte pode ser feita para você.) Usando o grandioso jargão oficial, você deve estabelecer uma "intenção de implementação".[22] ("Sentarei à escrivaninha logo após o desjejum, em todos os fins de semana — e em todos os dias de minhas férias —, e escreverei este tal número de palavras por dia, até terminar.")

Essas intenções de implementação podem ter um efeito quase mágico sobre nós. Pessoas que reforçam suas resoluções com um plano simples e determinado de ação têm maior probabilidade de se tornarem um daqueles tipos irritantes que nos deixam envergonhados quando passam correndo, em uma ostensiva demonstração de autodisciplina. Estudantes assustados com a vívida descrição do lento mas inevitável estreitamento das artérias de pessoas cujos corações desfrutam um ritmo de vida ininterruptamente sedentário pretendiam seriamente se exercitar pelo menos uma vez na semana seguinte.[23] Mas a estrada para doenças coronárias é pavimentada de boas intenções: ao final da semana, dois terços dos estudantes disseram que haviam "esquecido", "estado muito ocupados" ou "simplesmente não o fizeram". Na verdade, eles não se exercitaram nem um pouco a mais do que estudantes que não viram o folheto educativo sobre doenças coronarianas.

Entretanto, estudantes de um outro grupo — que viram o mesmo aterrorizante folheto sobre os maléficos efeitos de uma vida sedentária — também foram forçados a planejar exatamente quando, onde e como acelerariam seus corações com exercícios físicos. E mantiveram sua palavra. Em claro contraste com os tristes esforços dos outros estudantes, extraordinários 91% deles se lembraram do exercício, encontraram tempo para ele e realmente se puseram a fazê-lo. Da mesma forma, intenções de implementação também aumentam, em um grau impressionante, as chances de escolhermos uma maçã em vez de uma barra de chocolate, de terminarmos um trabalho no prazo ou de nos preocuparmos em examinar partes vulneráveis de nossa anatomia para verificar sinais de doenças.[24] (De modo lamentável, os poderes aparentemente miraculosos das intenções de implementação parecem ser inadequados para superar a inércia que se estabelece diante da triste perspectiva de passar fio dental entre os dentes.)[25]

Como as intenções de implementação efetuam suas maravilhas sobre nós? Passando o controle para o confiável inconsciente. Quando proclamamos com confiança e sinceridade "Quando for à lanchonete, na hora do almoço, comprarei uma maçã em vez de uma barra de chocolate", o mordomo mental alerta o inconsciente de nossos planos, e ele se ajusta apropriadamente. A parte de nosso cérebro que representa a lanchonete é colocada em alto alerta. Então, como a típica pessoa bem-sucedida em uma dieta, cujo inconsciente estabeleceu uma forte relação entre guloseimas ricas em gordura e o objetivo de resistir aos seus encantos, a intenção de comprar uma maçã é automaticamente ativada no instante em que entramos na lanchonete. Com um simples ato de vontade (que, francamente, parece ser o mesmo que podemos esperar dessa inconfiável parte de nós mesmos), o consciente pode tirar um merecido descanso e deixar o resto do trabalho para o mais confiável cérebro inconsciente.

ONDE HÁ uma vontade, há um caminho, como dizem. Contudo, e se a vontade não for solícita? A vontade é uma atriz muito temperamental. Escale-a para excessivos espetáculos, e ela desfalecerá no palco, na metade do ato. Perturbe-a ou insulte-a, e ela se fechará no camarim e se recusará a sair. Distraia-a, preocupe-a ou coloque-a sob pressão, e ela atingirá apenas notas inferiores. Prima-dona do cérebro, a vontade deve ser tratada com o máximo cuidado. Apenas se suas muitas necessidades forem cuidadas é que haverá uma chance de — apenas algumas vezes — nos emprestar a força para perseguirmos os pensamentos e atos que pretendemos.

Apenas 188 minutos de sono ininterrupto para dormir de noite? Sem chance.

CAPÍTULO 8

O Cérebro Fanático

"Bandido... mordaz... porco... cê-dê-efe... simplório"

A PRIMEIRA EXPERIÊNCIA DE MEU MARIDO com a Escócia foi marcante, da qual temo que ele nunca tenha se recuperado completamente. Cruzamos a fronteira com a Escócia para um casamento e nos instalamos em uma pousada nada econômica. Os escoceses têm uma certa reputação de, digamos, serem propensos ao pão-durismo. Entretanto, estávamos preparados para aceitar que qualquer falta de sabonete em nosso quarto teria sido um descuido — isto é, até sermos secamente informados, em resposta a uma pergunta, que a provisão de sabonete era considerada uma responsabilidade do hóspede. Meu marido ficou um pouco chocado com isso. Em sua terra natal, a Nova Zelândia, qualquer hóspede de pousada se consideraria muito desprezado se grandes quantidades de sabonetes artesanais de mel de manuka* não fossem generosamente fornecidas. "Então é verdade o que dizem sobre os escoceses", ele comentou com malícia, feliz por deparar-se tão prontamente com uma aparente vingança do estereótipo.

Contudo, havia algo ainda pior à nossa espera na manhã seguinte. Sentamo-nos para o desjejum, cansados e de ressaca após o casamento, e esperamos ansiosos que o chá ficasse pronto. A cada minuto meu marido pingava mais uma gota de água turva e fria em sua xícara e devolvia a chaleira à mesa com um baque irado. Depois de cerca de dez minutos disso, ele achou que uma investigação detalhada se fazia necessária. Levantou a tampa da chaleira e olhou seu interior. Seus olhos, quando se levantaram para encontrar os meus, estavam arregalados e incrédulos. Com espanto, ele sussurrou para mim: "Não há saquinhos de chá aí dentro. *Nenhum*!"

Ele ficou calado e pensativo na longa viagem de volta para casa. De vez em quando, quebrava o silêncio para perguntar: "Você acha que eles usam o *mesmo* saquinho de chá para encher as chaleiras de todas as mesas?" ou para especular: "Talvez cada mesa tenha seu próprio e particular saquinho de chá, que é colocado para secar no varal, pronto para a manhã seguinte".

Devido a essa experiência, eu possivelmente deveria ser mais compreensiva em relação à resposta de meu marido quando lhe falei sobre nossos cérebros fanáticos. Durante o jantar, expliquei como estereótipos perniciosos colorem qualquer interpretação que façamos do comportamento dos outros

* Manuka (*Leptospermum scoparium*) é um arbusto nativo da Nova Zelândia e sudeste da Austrália. Essa planta tem propriedades bactericidas e é usada pelos maoris em produtos medicinais naturais. (N.T.)

e como têm, até mesmo, o poder de produzir profecias auto-realizadoras sobre nossas crenças estereotipadas. Com eloqüente paixão, contei-lhe sobre nosso hábito ignóbil de usar estereótipos para levantar nossos egos e sobre os efeitos sutis e devastadores de estereótipos sobre grupos estereotipados. Por fim, com o jantar já frio e intocado em meu prato por conta desse nobre sacrifício para a edificação de meu marido, descrevi os tortuosos truques que o cérebro usa para descartar evidência que contradiga nossas crenças estereotipadas, dessa forma nos condenando para sempre a uma preconceituosa e prejudicial visão de nossos companheiros humanos.

"Si-im", disse meu marido hesitando, quando finalmente parei de falar. "Mas os escoceses *são* mesquinhos de verdade."

Como eu disse, levando em conta o trauma de um desjejum pós-casamento sem uma xícara de chá bom e forte, deveria ter sido mais compreensiva. Mas não fui.

"*Isso*", repliquei com raiva, "é exatamente o que *diria* um homem branco rico."

POR MAIS IGUALITÁRIO que você seja (ou pense ser), seu cérebro está repleto de estereótipos. Você pode não ser pessoalmente partidário das idéias de que mulheres devem cuidar dos filhos, que negros são agressivos ou que judeus mantêm as carteiras bem guardadas — na verdade, você pode até *ser* uma mulher, um negro ou judeu —, mas não pode fingir que não sabe que esses são os estereótipos de mulheres, negros e judeus. Estereótipos são um subgrupo dos esquemas que encontramos no Capítulo 6, o sistema de arquivamento que o cérebro usa para organizar a informação em diversas categorias. Como todos os esquemas, no de pessoas (ou estereótipos) todas as informações sobre um determinado grupo — homossexuais, desempregados, asiáticos — são intimamente inter-relacionadas no cérebro. Isto significa que, se você usar uma parte de um esquema — ou mesmo disser apenas: "Ah, um asiático" —, todas as outras partes do esquema asiático ficam agitadas. Em conseqüência desse estímulo, a informação sobre o estereótipo asiático tem maior probabilidade de ser usada pelo cérebro enquanto ele se ocupa da difícil tarefa de interpretar o complicado, e com freqüência ambíguo, comportamento daqueles que nos cercam.

Em uma clássica demonstração disso, alguns voluntários foram estimulados, de forma subliminar, por flashes de palavras (principalmente negativas) relacionadas ao estereótipo do negro.[1] A lista incluía palavras como "preguiçoso", "seguro social", "desempregado", "gueto" e "basquetebol". Contudo, uma das características mais relatadas do estereótipo do negro é a agressividade, mas a pesquisadora teve o cuidado de não incluir qualquer palavra relacionada à violência nesse estímulo. Ela argumentava que, como essa era uma íntima companheira das outras partes do estereótipo, seria, de toda forma, despertada pela agitação. Que isso de fato aconteceu — assim como seu efeito na decodificação que os voluntários fizeram do comportamento de outra pessoa — ficou bem claro na segunda parte do experimento. Os voluntários foram instados a dar suas impressões sobre um personagem chamado Donald. Este fazia coisas que podiam ser consideradas hostis ou agressivas, como se recusar a pagar o aluguel até que o apartamento fosse repintado. As pessoas cujo estereótipo do negro havia sido ativado acharam que Donald era significativamente mais hostil que os outros voluntários que não foram estimulados da mesma forma. Os voluntários não se deram conta de que o estereótipo havia sido ativado (eles nem ao menos se deram conta das palavras que foram mostradas), mas, ainda assim, coloriram o julgamento que fizeram de Donald.

A perturbadora implicação é que, quando tratamos de um homem negro, o estereótipo do negro é ativado e fica pronto para distorcer nossa interpretação de cada uma de suas palavras e atitudes.[2] Podemos, por exemplo, achar de modo incorreto que a carteira que ele tira do bolso é uma arma. Com base nesta interpretação errônea, em 1999 quatro policiais brancos de Nova York foram inocentados da acusação de terem atirado em um homem negro desarmado, pois pensaram que suas vidas estavam em risco. Os policiais podem até ter dito a verdade, mas será que seus olhos os teriam enganado dessa forma se a desafortunada vítima, Amidou Diallo, fosse um homem branco? É possível que não, sugere uma pesquisa usando o estímulo estereotipado. Aos estudantes voluntários foram mostrados pares de imagens em uma tela de computador: um rosto, seguido por um revólver ou por uma ferramenta manual.[3] Eles foram instruídos a ignorar o rosto, que foi mostrado muito rapidamente, talvez para assinalar que a próxima imagem estava prestes a aparecer, e a identificar a segunda imagem como um revólver ou uma ferramenta, tão rapidamente quanto pudessem, apertando um entre dois botões. Em metade do tempo, o rosto era negro; no restante do tempo, branco. Os voluntários foram muito mais rápidos em identificar os revólveres quando estes eram precedidos por um rosto negro, mostrando que a própria identificação era influenciada pelo estímulo racial. Entretanto, mais perturbadora ainda foi a descoberta de que voluntários, quando sob forte pressão para classificar o objeto rapidamente (como ocorre quase sempre com um policial), demonstraram maior probabilidade de identificar erroneamente a ferramenta como revólver quando tinham visto um rosto negro. Isto sugere que os policiais de Nova York poderiam ter retardado os tiros por alguns extras e providenciais milissegundos se Amidou Diallo fosse branco.

De fato, as suspeitas que pudéssemos ter de que a etnicidade teria contribuído para o fatal disparo dos policiais contra um homem desarmado (e em outras situações parecidas) foram confirmadas por pesquisas subseqüentes. Em um tipo similar de experimento, que de propósito recordava o assassinato de Marquise Hudspeth (morta por policiais que confundiram seu telefone celular com uma arma), a voluntários não-negros foi mostrada uma sucessão de fotografias de diferentes homens, negros e brancos.[4] Cada homem aparecia, diante de um fundo inócuo, segurando uma arma ou um objeto não letal, como uma carteira ou celular. Em cada caso, os voluntários tinham de decidir se atirariam (caso o homem estivesse armado) ou não (caso o homem estivesse apenas se preparando para fazer uma ligação com o celular, por exemplo). A aparição de um rosto branco com uma arma teve um efeito inapropriadamente tranqüilizador nos falsos policiais: eles demonstraram maior probabilidade de erroneamente não atirar que se a imagem fosse a de um homem negro portando uma arma. Claro que a iniqüidade não pára aí: homens negros inocentemente desarmados estavam sujeitos a maior risco de serem atingidos por tiros que homens brancos desarmados. De fato, o estereótipo do homem negro e violento é tão pernicioso que influenciou voluntários negros da mesma forma: eles demonstraram o mesmo tipo de polarização racial no experimento.

Também não podemos nos agarrar à reconfortante, embora improvável, esperança de que policiais, exaustivamente treinados quanto à sensibilidade racial e à suscetibilidade étnica, possam exibir um restaurador equilíbrio na propensão de atirar em inocentes transeuntes nas ruas. Um tipo semelhante de experimento que recrutou policiais da Flórida como participantes revelou que, quando se trata de negros, eles — como o restante de nós — tendem a atirar primeiro e fazer perguntas depois.[5] Na verdade, isto é preocupante, particularmente quando policiais são encorajados a fazer uma abordagem já com o dedo no gatilho — como aconteceu em Londres, em decorrência aos ataques a bomba em julho de 2005, quando um brasileiro foi erroneamente identificado como um homem-bomba e foi morto.[6]* Considerando os resultados dessa pesquisa, londrinos de origem étnica podem querer pensar duas vezes antes de sair correndo para pegar um ônibus.

A partir desses experimentos, e de muitos outros semelhantes, é fácil compreender como olhar para outras pessoas com "óculos fanáticos" nos ajuda a reforçar crenças estereotipadas. Vemos o que esperamos ver. Será que faz alguma diferença se somos partidários ou não dessas crenças? Será que pessoas verdadeiramente liberais também vêem os outros através de óculos fanáticos ou será que se elevam de modo idea-

---

* A autora refere-se ao rumoroso caso do eletricista mineiro Jean Charles de Menezes, de 27 anos, morto pela polícia inglesa, em 22 de julho de 2005, na estação de metrô de Stockwell, no sul de Londres, após ter sido identificado erroneamente como um terrorista ligado ao ataque a bomba a uma estação do metrô londrino ocorrido em 7 de julho de 2005. (N.T.)

lista acima dessas distorções? A resposta parece depender de como o estereótipo é estimulado. Por exemplo, um estudo britânico estimulou o estereótipo do negro usando apenas palavras neutras (como "Brixton", "dreadlocks" e "reggae"). Para não-racistas, isso não teve qualquer efeito danoso sobre suas impressões do comportamento de outras pessoas.[7] Contudo, até mesmo esse estímulo neutro influenciou os racistas; eles julgaram que a pessoa que avaliavam sofria das falhas estereotipadas associadas aos negros — não-confiabilidade e agressividade. O que isto sugere é que apenas em racistas a visão de uma pessoa negra automaticamente ativa todo o estereótipo negativo.

Essa é uma boa notícia, mas há uma condição importante. Se o que é estimulado for o estereótipo *negativo*, então até mesmo as pessoas não preconceituosas são suscetíveis a ver o mundo através das lentes polarizadoras daquele estereótipo. No mesmo estudo britânico, quando palavras pejorativas foram usadas como estímulo (tais como "desempregado", "sujeira" ou "crime"), até mesmo os não-racistas formaram uma impressão mais desabonadora da pessoa que avaliavam. O que isso significa em relação ao mundo real é que a caracterização estereotipada ilimitada de pessoas afetará inconscientemente os juízos de *todos* e não apenas dos fanáticos.

Qual, nesse caso, é o efeito sobre o decente homem moderno daquele dispositivo preferido dos publicitários em todas as partes: a mulher sexy (ou da correspondente parte erótica)? Para descobrir, a dois grupos de homens foi mostrada uma fita com anúncios de televisão.[8] Um grupo de homens viu principalmente anúncios machistas, nos quais as mulheres eram retratadas como objetos sexuais. Os outros homens viram anúncios sem qualquer conotação sexual. A seguir, cada voluntário foi submetido a um experimento supostamente não relacionado: decidir se cada série de letras em uma seqüência mostrada na tela de um computador era uma palavra. Os homens que assistiram aos anúncios machistas, ao contrário dos outros, foram mais rápidos em reconhecer palavras machistas, como "gostosa" e "cachorra", que palavras menos ofensivas, como "mãe" e "irmã". Isto mostrou que os anúncios tinham dado conta da tarefa de estimular o esquema de mulheres como objetos sexuais.

Era hora, então, de ver como isso afetava os homens quando tinham de interagir com uma mulher real, de carne e osso. Aos homens foi pedido, como um favor para o pesquisador, que entrevistassem uma candidata a um emprego. A influência dos anúncios machistas na dinâmica dessa entrevista foi extraordinária. Os homens que tinham acabado de ver mulheres retratadas como objetos sexuais (mesmo os homens não machistas) sentaram-se mais perto da entrevistada, flertaram mais e fizeram um maior número de inapropriadas perguntas sexuais, em comparação com os outros homens. Os anúncios machistas também polarizaram tanto as memórias que os homens guardaram da candidata como suas capacidades de avaliar as qualificações da moça. Os homens estimulados sexualmente se lembraram bastante da aparência física da mulher, mas não tanto das informações que os ajudariam a decidir a sua adequação ao trabalho. No entanto, isso não os impediu de avaliá-la como menos competente. Apesar disso, eles demonstraram maior probabilidade, em comparação com os do outro grupo, de recomendar que ela fosse contratada, talvez porque a achassem mais amigável e atraente que os homens não estimulados. Um leve consolo de fato para as mulheres à procura de trabalho remunerado, em especial quando se considera que todas essas vergonhosas mudanças nos homens advieram da visão que tiveram de algumas gatas casualmente exibidas em carros ou junto de garrafas de cerveja.

Esse experimento não apenas demonstra que você nunca, jamais, deve dizer a uma mulher que reclama de anúncios machistas que relaxe. Também ressalta o segundo perigoso poder de estereótipos: a capacidade de alterar nosso *próprio* comportamento. Na verdade, você já viu esse fenômeno em ação no Capítulo 6. Lembra-se, por exemplo, dos voluntários que caminharam com passos de lesma ao longo do corredor depois que o esquema do idoso foi estimulado? Embora isso possa parecer algo benigno, o problema começa quando você acrescenta uma outra pessoa à equação social. Seu comportamento tem um efeito sobre o comportamento *dela* e, repentinamente, sem ninguém suspeitar, você tem todos os ingredientes de uma profecia auto-realizadora. Ver uma pessoa negra ativa o estereótipo do negro hostil e agressivo. Você, agindo segundo o estereótipo, se comporta agressivamente, o que, por sua vez, leva a pessoa com más intenções a responder da mesma forma. Você nota a hostilidade da outra pessoa, e, não se dando conta de seu próprio papel no comportamento dela, o estereótipo é confirmado em sua mente.

Psicólogos sociais testemunharam círculos viciosos exatamente desse tipo. Por exemplo, pessoas brancas estimuladas de forma subliminar com rostos negros respondiam de maneira mais hostil a uma solicitação do pesquisador para que repetissem uma tediosa tarefa no computador, em comparação com pessoas estimuladas com rostos brancos.[9] Os pesquisadores se perguntaram se essa agressividade estimulada poderia, por sua vez, fazer com que alguém exposto a ela respondesse de forma mais antagônica.[10] Um grupo de voluntários teve o estereótipo do negro estimulado de forma subliminar por meio de rostos de homens negros, enquanto o grupo de voluntários de controle foi estimulado por rostos brancos. A seguir, os voluntários foram instados a participar de um jogo de perguntas e respostas com uma outra pessoa (branca). (Os parceiros dos voluntários no jogo tinham de ser brancos, pois um parceiro negro também estimularia o estereótipo do negro no grupo de controle e poderia levantar suspeitas a respeito da natureza do experimento.) Como previsto pelos pesquisadores, os voluntários estimulados pelos rostos negros se comportaram mais agressivamente que aqueles estimulados por rostos brancos. Adicionalmente, isso afetou os parceiros no jogo, que responderam tornando-se também briguentos, o que não passou despercebido por todos, que acharam seus parceiros mais hostis, em comparação com os voluntários do grupo de controle.

O que é mais assustador a respeito de estereótipos autorealizadores é que, quando você projeta suas crenças estereotipadas em alguém, a imagem que volta é mais uma reflexão de seu próprio comportamento que as reais qualidades da outra pessoa. Ainda assim, seu próprio papel nessa horrível distorção passa despercebido. A melhor das intenções em ser imparcial ao avaliar candidatos a um emprego, por exemplo, pode ser completamente minada por seu próprio comportamento. Quando pessoas brancas foram instadas a entrevistar um candidato a um emprego, comportaram-se de maneiras muito diferentes dependendo se o entrevistado era negro ou branco.[11] Isto ocorreu apesar do fato de os candidatos serem, na verdade, atores treinados para se comportarem segundo uma forma padrão durante a entrevista. Quando o candidato era negro, os entrevistadores mantiveram-se mais distantes fisicamente, cometeram um maior número de erros de fala durante a entrevista e encerraram-na mais rápido.

Um desanimador estudo posterior mostrou que ser tratado como uma pessoa negra desta forma afetaria o desempenho de qualquer um em entrevistas. Estudantes brancos da Universidade Princeton foram entrevistados para um emprego por atores treinados. Metade foi entrevistada segundo o estilo distante, inarticulado e sucinto aplicado a candidatos negros no primeiro experimento. Este "tratamento de negro" tolheu os estudantes brancos de Princeton: julgadores que observavam as entrevistas avaliaram-nos como significativamente menos competentes para o emprego que os estudantes que receberam o "tratamento de branco". Esse experimento mostra que as diferenças relativamente sutis na forma como os brancos reagem em relação aos negros podem minar as reais habilidades de candidatos negros a um emprego, fazendo com que pareçam menos competentes do que na verdade são. Assim, além de *aquela* pessoa negra não conseguir o emprego, a impressão de que negros tendem a não ser tão capazes fica um pouco mais impregnada na mente do entrevistador.

Mesmo quando uma pessoa de um grupo menosprezado — apesar das injustas disparidades estabelecidas por estereotipagem — consegue agarrar um emprego, a batalha pode ter apenas começado. Os portões dos domínios tradicionalmente masculinos podem ter sido escancarados com rancor às mulheres, por exemplo, mas parece que os homens ainda se sentem nervosos em relação à habilidade do "sexo frágil" em dar conta do serviço. Homens e mulheres voluntários foram colocados como líderes de grupos de estudantes, homens e mulheres, subordinados.[12] A tarefa em questão consistia em um conjunto de problemas particular e tradicionalmente "masculinos" de matemática e raciocínio (jogos de guerra e problemas de esportes, por exemplo). Como chefe, a responsabilidade do líder do grupo era escolher quem se juntaria ou não à equipe e preencher as várias posições hierárquicas da maneira que melhor os capacitassem a enfrentar as outras equipes. Caso se saíssem bem nessa tarefa, foram informados, receberiam uma substancial recompensa em dinheiro. E, como na vida real, os bônus recebidos pelos vários membros da equipe seriam compatíveis com as respectivas posições hierárquicas. A única informação de que o líder do grupo dispunha para tocar o processo de seleção era o que seu ou sua subalterno(a) dizia a respeito das próprias forças ou fraquezas acadêmicas e, o que parecia casual, do seu sexo. Na verdade, a informação fornecida pelos subordinados, que estariam supostamente em uma outra sala, foi elaborada com cuidado pelo pesquisador e enviada ao inocente líder de equipe por correio eletrônico.

As mulheres líderes de grupos analisaram o conjunto de candidatos, preocupadas de que as fraquezas dos membros pudessem prejudicar a equipe, e concluíram que não havia qualquer boa razão para crer que homens teriam melhor desempenho que mulheres. Elas foram inteiramente equilibradas na forma em que alocaram posições na equipe (e, conseqüentemente, possibilidades de vitória) para os subordinados fictícios. Contudo, os homens estavam certos de que as emocionais e irracionais estereotipadas qualidades "femininas" das mulheres pudessem prejudicar as chances de sucesso de suas equipes. Eles demonstraram explícita discriminação sexual, com os homens representados desproporcionalmente nas melhores posições da equipe. Como forma de consolação para as mulheres não escolhidas, eles as cobriram de elogios vagos: "Suas respostas foram excelentes... maravilhosamente informativas... se você estivesse na equipe, seria fabulosa. Tenho certeza disso... você não foi escolhida."[13] No condescendente ambiente do domínio masculino, se um homem estiver no comando, o trabalho de uma mulher pode ser saudado com os mais sinceros elogios, mas pouco na forma do reconhecimento que conta de verdade — no contracheque e na lista de promoção.

Uma pesquisa posterior mostrou que tapinhas paternalistas nas costas também não ajudam muito a motivar mulheres desvalorizadas dessa forma por seus superiores. Em uma arguta inversão do experimento original, os homens e mulheres participantes foram colocados no papel de humildes membros da equipe, avaliados e alocados em posições por (fictícios) líderes masculinos de equipe. A seguir, os participantes se ocuparam em resolver tantos problemas de matemática e raciocínio quanto pudessem.

As mulheres demonstraram a mesma capacidade dos homens em resolver esses problemas. Elas obtiveram resultados semelhantes aos dos homens, independentemente se haviam recebido uma avaliação fria ou entusiástica e sem qualquer relação com a posição em que haviam sido colocadas na equipe. Contudo, houve uma grande diferença entre os sexos. Com relação aos homens, quando o generoso elogio do líder da equipe não foi acompanhado de uma correspondente boa posição na equipe, isto teve o efeito de estimular uma excepcional agitação mental. Os pesquisadores sugerem que, enfurecidos pela injustiça paternalista, os homens dedicaram sua raivosa energia a provar que o líder da equipe estava errado. No entanto, de modo curioso, o mesmo cenário de injusta alocação a posições inferiores na equipe teve efeito oposto nas mulheres. Embora elas estivessem tão furiosas como os homens por terem sido desvalorizadas, seu desempenho posterior foi notavelmente apagado. Os pesquisadores sugerem que, tendo aprendido a lição de que o machismo é muito difundido e invencível, a raiva das mulheres fez com que se sentissem desiludidamente ineficientes.

Como se tudo isso não bastasse, estereótipos nem precisam de que outras pessoas façam o serviço sujo para eles. As sujas impressões digitais podem ser encontradas diretamente nos integrantes dos grupos estereotipados. Uma mulher em uma aula de matemática, ou um estudante negro em uma prova, deve desempenhar sua tarefa sob a ameaçadora sombra do estereótipo de inferioridade. O turbilhão interior que esse estereótipo ameaça gerar prejudica a natural habilidade da pessoa, e o estereótipo fica, assim, confirmado.[14] Muito surpreendentemente, o peso que o estereótipo traz para o portador é fácil de ser observado. Por exemplo, algumas vezes homens têm melhor desempenho do que mulheres em matemática, especialmente em níveis muito avançados. Isto originou todo tipo de alegações a respeito das diferenças genéticas entre as habilidades matemáticas de homens e mulheres. Porém, pesquisadores interessados na ameaça de estereótipos conseguiram, em um passe de mágica, fechar esse espaço entre os sexos (sem qualquer modificação genética).[15] Um grupo de estudantes universitários de matemática recebeu um difícil teste. Os homens tiveram melhor desempenho do que as mulheres. Contudo, guardem suas risadas, rapazes, e não se apressem em tirar conclusões. Um segundo grupo de estudantes recebeu exatamente o mesmo teste, mas foram informados antes de que a diferença de sexo nunca havia afetado o desempenho de homens e mulheres nesse teste específico. Quando, dessa forma, a nuvem da ameaça do estereótipo foi dissipada, as mulheres se saíram tão bem quanto os homens.

De fato, oferecendo um raro raio de esperança nesse campo de pesquisa, parece que revelar a verdade sobre a ameaça do estereótipo a estudantes vulneráveis pode livrá-los da presença do seu pressentimento. Mulheres estudantes de estatística mostraram o usual desempenho inferior em um teste de matemática, em comparação com homens, quando ele foi ameaçadoramente apresentado como parte de um estudo da diferença de sexo na habilidade matemática.[16] Todavia, um outro grupo de estudantes foi previamente informado sobre a ameaça de estereótipos e seus efeitos. As mulheres foram aconselhadas de que "é importante manter em mente que, caso se sentissem ansiosas durante o teste, esta ansiedade poderia ser o resultado desses estereótipos negativos amplamente conhecidos pela sociedade e que nada têm a ver com suas reais capacidades de se saírem bem no teste" Prestem atenção, professores. Esclarecidas dessa forma, as mulheres se saíram tão bem como os homens. Uma pesquisa em andamento sugere que o desempenho de estudantes negros também é passível de ser melhorado da mesma forma.[17]

Ainda há outra maneira de nivelar o campo de batalha. Não se trata apenas do fato de que estereótipos sobre matemática prejudicam as mulheres: os homens em geral se beneficiam um pouco mais da culturalmente enraizada hipótese de que são superiores às mulheres, um efeito chamado elevação estereotipada.[18] Os homens não têm desempenho tão bom se essa posição de vantagem for tirada deles, informando-lhes, nesse momento, que a posse de certos atributos físicos masculinos não ajudará seus desempenhos.

Nesse ponto, você deve ter desenvolvido alguma admiração especial pelo número de maneiras como os próprios estereótipos se promovem: óculos fanáticos, profecia auto-realizadora, ameaça estereotipada e elevação estereotipada. Entretanto, você pode se perguntar furtivamente, será que isso basta para explicar por que estereótipos persistem, mesmo não havendo qualquer verdade neles? Deixarei a discussão da hipótese do "núcleo de verdade" para escritores mais corajosos.[19] Entretanto, tenhamos em mente que, até agora, vimos apenas o arsenal de ataque do estereótipo: as formas em que distorce nossos juízos e comportamento. O estereótipo também dispõe de uma forte linha de defesa contra pessoas que foram tão desconsideradas a ponto de desafiarem nossas expectativas fanáticas. Como revelado no Capítulo 4, somos muito propensos a manipular as estatísticas para casá-las com nossas crenças. Nós nos tornamos presas de correlações ilusórias, ligações aparentes entre grupos de pessoas e características que se encaixam em um estereótipo, mas que não existem na realidade. Será que mulheres na menopausa são realmente irritadiças e mal-humoradas, por exemplo? Segundo o estereótipo, são; no entanto, como um estudo mostrou, a correlação ilusória tem muito a responder por perpetuar tal imagem temperamental.[20] As pessoas superestimam muito a freqüência em que vêem mulheres na menopausa nessa situação.

Uma outra forma esperta de descartar pessoas que não se encaixam em suas crenças estereotipadas é colocá-las em uma categoria inferior toda particular. Como vimos no Capítulo 5, temos uma extraordinária capacidade de produzir explicações para dar veracidade a qualquer coisa em que acreditamos. Da mesma maneira, nos agarramos a pequenos detalhes úteis para explicar o judeu generoso ou a mulher afirmativa. Alegaremos: "Ah, mas ela estudou em uma escola de meninas ricas" (ou "Ela freqüentou uma escola do interior") para justificar de modo conveniente o que nos parece ser uma capacidade afirmativa incomum às mulheres, nos deixando sem incentivos para atualizar nosso estereótipo.[21] Na verdade, se a pessoa se desviar muito do estereótipo correspondente, nem ao menos sentimos necessidade de justificativas e ignoramos o desafio que a presença daquela pessoa representa. Aos nossos olhos, sua estranheza é vista como suficiente para descartá-la como um contra-exemplo.[22]

Tudo isso é muito desanimador. Contudo, há uma notícia ainda mais deprimente para aqueles que não se encaixam no molde estereotipado de seu sexo. Pessoas que se "desviam" do estereótipo sexual correspondente se arriscam a um tratamento muito pior que apenas serem rejeitadas como aberração. Por exemplo, mulheres que se aventuram fora dos limites aceitáveis estabelecidos pelos estereótipos sexuais atraem uma reação adversa contra elas próprias. Uma pesquisa sugere que existem boas razões para que uma mulher não possa "ser mais que um homem". Em um laboratório de psicologia, foi mostrado que mulheres que se saem incomumente bem em um teste "masculino" têm suas chances de ganhar um prêmio em um teste de perguntas e respostas sabotado por outros.[23] Em um cenário de negócios, mulheres que se comportam "como homens" em uma entrevista, apresentando uma imagem delas próprias de muita segurança e competência, são avaliadas como sendo menos socialmente capazes que homens que se comportam da mesma maneira.[24] (Mesmo sendo lamentável, também há boas razões para uma mulher não se comportar como mulher. Mulheres que são mais "femininamente" modestas em relação às próprias habilidades são vistas como menos competentes.)[25] Estes efeitos negativos podem muito bem ter um papel importante em encorajar as mulheres a "andar na linha". E assim o opressivo estereótipo segue adiante.

Enquanto as mulheres que quebram as regras são criticadas, aquelas que as seguem são elogiadas. Uma forma mais tênue e gentil de preconceito, o machismo benevolente elogia as calorosas, carinhosas e maternais virtudes "das mulheres maravilhosas" (sem as quais os homens não seriam completos). Com certeza, o sedutor encanto do machismo benevolente é preferível à versão hostil, de modo que não surpreende o fato de que mulheres em todo o mundo sejam quase tão partidárias dessa elogiosa imagem de seu sexo como os homens.[26] Contudo, seu apelo é perigoso, pois o meloso estereótipo de mulheres empáticas serve para equilibrar psicologicamente o fato de que os homens têm a maior parte do poder político e econômico. A mensagem de que homens e mulheres são "complementares, mas iguais" e que todos se beneficiarão da realização de nossos papéis naturais na sociedade dá um "verniz de igualdade" a um preconceito de longa data.[27] Por isso, talvez, nos países mais machistas do mundo, as mulheres se agarrem ainda mais desesperadamente às compensações de segunda classe do machismo benevolente.[28]

Infelizmente, é claro que as mulheres nem mesmo precisam ser partidárias da antiquada ideologia de que "as mulheres são de Vênus" para que esta as afete. Pesquisadores pediram que homens e mulheres avaliassem quanto determinadas qualidades se aplicavam aos dois sexos, como uma forma de estimular estereótipos sexuais.[29] Alguns dos voluntários tiveram o estereótipo benevolente de mulheres estimulado. A eles foram feitas perguntas sobre qualidades femininas positivas estereotipadas — serem atenciosas, calorosas e éticas, por exemplo. Outros julgaram que os homens eram o oposto das mulheres em qualidades supostamente masculinas (como ser agressivo, competitivo e ambicioso, por exemplo).

Os pesquisadores investigaram que efeito o estímulo de estereótipo teve em termos de apagar ou acender as chamas das desigualdades sexuais. Aos voluntários foi perguntado quanto concordavam ou discordavam com afirmações do tipo "Em geral, as relações entre homens e mulheres são equilibradas" ou "A divisão de tarefas nas famílias em geral funciona como deveria". Os resultados expuseram os perigosos efeitos de cooptação do estereótipo da mulher maravilhosa. Mulheres que não haviam sido expostas a esse estereótipo foram inflexíveis em defender a idéia de que as mulheres não recebem um tratamento eqüitativo, que os homens não ajudam em casa e que uma radical reestruturação da sociedade se fazia necessária. E isso apesar do fato de que o heróico estereótipo do homem como o todo-poderoso caçador da sociedade tinha acabado de ser estimulado. Contudo, as mulheres que haviam sido previamente lembradas de que a feminilidade estereotipada tem suas próprias doces recompensas aceitaram de forma tão complacente o *status quo* como os homens. Atraídas por essa submissão inconsciente, as mulheres se tornam cúmplices em sua própria subordinação.

ESTEREÓTIPOS, COMO você pode, até aqui, concluir deste capítulo, são inimigos poderosos da igualdade. Contudo, embora possa agora parecer surpreendente, temos algum controle de sua influência sobre nossos cérebros fanáticos. Na verdade, somos muito capazes de resistir ao uso deles. Entretanto, parece que, infelizmente, estamos sempre ligando e desligando nossos estereótipos na maneira que melhor se ajustar a nossos egos. Por exemplo, se somos criticados por uma mulher ou pessoa negra, usamos nossos correspondentes estereótipos negativos para desacreditar seus juízos. Menosprezando-os dessa forma, protegemos nossos cérebros presunçosos dos efeitos danosos de uma avaliação negativa.[30] Contudo, se recebemos elogio em vez de crítica de uma mulher ou pessoa negra, miraculosamente conseguimos inibir nossos estereótipos negativos e consideramos nosso avaliador tão capaz como qualquer homem branco. Como os pesquisadores desses estudos concluem resumindo: "Ela é ótima se me elogiar, mas incompetente se me criticar."

Pior ainda, existe evidência de que usaremos estereótipos para depreciar qualquer pessoa para que nos sintamos melhor, mesmo que a pessoa injuriada não seja a que nos fez mal. Pesquisadores derrubaram a auto-estima da metade de um grupo de estudantes dizendo-lhes que haviam se saído abaixo da média em um teste de inteligência.[31] A outra metade foi informada de que havia se saído extremamente bem. Alguns dos estudantes com egos arranhados tiveram a oportunidade de alegrarem-se à custa de outros, usando um estereótipo negativo. Todos foram instados a avaliar uma candidata a um emprego. Cada um deles avaliou a mesma mulher, que aparecia de forma idêntica em cada uma das entrevistas, exceto em um aspecto. Para alguns, ela era "Julie Goldberg", voluntária em uma instituição judaica, associada a uma organização de mulheres judias e usava um colar com uma estrela de Davi. Para os outros estudantes, ela era apresentada como "Maria D'Agostino", voluntária em uma instituição católica, associada a uma organização européia de mulheres e usava um colar com uma cruz. Provavelmente, nada mais é necessário dizer sobre isso, exceto que os pesquisadores relataram que o estereótipo depreciativo da princesa judaico-americana era bem conhecido e amplamente discutido no campus da universidade onde o experimento foi realizado. Os estudantes, no entanto, nada tinham em particular contra mulheres italianas.

Os pesquisadores estavam mais interessados nos estudantes que, ainda sob o efeito da suposta inferioridade no teste de inteligência, tiveram a oportunidade de executar o equivalente psicológico de chutar o gato, pois haviam sido solicitados a avaliar uma candidata judia. Seriam eles tão ignóbeis a ponto de depreciar essa inocente mulher simplesmente porque receberam socos em seus narizes? Certamente, sim. Suas avaliações da personalidade e das qualificações da entrevistada foram muito mais baixas que as de qualquer um dos outros estudantes. Todavia, como os chutadores de gatos de todas partes sabem, isso teve um resultado desejado: em seguida, suas auto-estimas dispararam para cima.

Para sermos justos com nossos cérebros fanáticos, as pessoas que querem evitar pensamentos preconceituosos podem, e devem, reprimir a atividade de seus estereótipos. Entretanto, isso exige um esforço nada pequeno, significando que, se você estiver cansado, distraído ou sob pressão, o estereótipo pode se livrar das amarras e recuperar a liberdade e descarregar sua influência maligna.[32] Quando pesquisadores norte-americanos pediram que estudantes avaliassem piadas racistas usando um medidor de risos, os estudantes foram convenientemente econômicos com seus risos. Contudo, estudantes que foram distraídos enquanto avaliavam as piadas (tiveram de executar uma difícil tarefa de contagem e memorização ao mesmo tempo) as acharam muito mais engraçadas.[33] Também baixamos nossa guarda quando achamos que já estabelecemos nossas credenciais igualitárias. Por exemplo, pessoas que tiveram a chance de se exibir diante de feministas rejeitando de modo ostensivo afirmações machistas relaxarão e se sentarão sobre os louros. Estas pessoas calmamente complacentes demonstram, subseqüentemente, *maior* probabilidade de concordar com afirmações sutilmente machistas.[34]

De fato, uma pesquisa sugere que até mesmo as mais bem-sucedidas tentativas de refrear nossos preconceitos podem, mais tarde, ter resultado oposto ao desejado. Reprimimos o estereótipo por um tempo, mas ele reaparece com renovado vigor. Pesquisadores pediram que pessoas escrevessem uma história do tipo "um dia na vida" a respeito de alguém que aparecia em uma fotografia e era um *skinhead*.[35]* A alguns dos voluntários foi pedido que evitassem a estereotipagem em sua história. Estes conseguiram, com sucesso, suprimir o estereótipo de *skinhead*; suas histórias continham muito menos material segundo as linhas estereotipadas de "...e então dei um soco nele" ou semelhantes. Entretanto, o estereótipo acabou ganhando renovada força a partir de seu breve confinamento. Graças ao desafortunado efeito colateral da maneira como nossos cérebros exercem o controle mental (a teoria irônica de processo que encontramos no Capítulo 7), pensamentos reprimidos são, na verdade, estimulados pelo mordomo mental. Como resultado, uma vez que nossa guarda está desprotegida, esses mesmos pensamentos têm maior probabilidade de pular na consciência. Quando aos voluntários foi pedido, logo depois, que escrevessem uma segunda passagem sobre um *skinhead*, suas histórias continham muito mais estereotipagem que as daquelas pessoas que tiveram liberdade de responder naturalmente a seus estereótipos. O reavivamento do estereótipo de *skinhead* também mostrou sua influência quando os voluntários foram convidados a passar a uma sala para encontrar o próprio *skinhead* cuja fotografia haviam visto. O *skinhead* não estava lá, mas seus pertences estavam sobre uma das cadeiras. As pessoas cujos estereótipos de *skinheads* agiam com força renovada (após serem reprimidas na tarefa de "um dia na vida") demonstraram seu intensi-

* Membro de um dos inúmeros grupos de pessoas, principalmente jovens, que raspam a cabeça e costumam participar de atividades racistas, homofóbicas e/ou xenofóbicas. (N.T.)

ficado desprezo e o temor do *skinhead,* preferindo sentar-se longe de seus pertences.

Será que isso significa que até mesmo o advogado das oportunidades igualitárias, após um duro dia lutando pela igualdade no trabalho, também por fim é vencido pelos onipotentes estereótipos? Será que ele agarra sua pasta com mais firmeza quando um homem negro senta-se ao seu lado no ônibus e, uma vez em casa, repreende severamente a esposa por não ter o jantar pronto na mesa? Felizmente, a perspectiva pode não ser tão sombria. De modo geral, as pessoas que sinceramente desejam evitar a estereotipagem de um grupo em particular parecem ser capazes de evitar o efeito de retorno provocado pela supressão de um estereótipo. Esta motivação pode não estar presente na maioria das pessoas quando se trata de *skinheads*, mas é bastante forte (pelo menos em algumas pessoas) para manter reprimidos por mais tempo os estereótipos que são menos socialmente aceitáveis, relativos a negros, asiáticos ou homossexuais. Contudo, apenas conseguimos isso quando, do ponto de vista mental, estamos com os pés no chão.[36]

Até aqui, esta tem sido uma história desalentadora e seria compreensível que, neste ponto, você largasse o livro e se pusesse a chorar. O problema é que precisamos da eficiência que os esquemas nos dão. Esquemas proporcionam uma maneira rápida de extrair e interpretar informação do mundo complicado à nossa volta, de formar generalizações úteis e de fazer predições também úteis. Um cérebro fanático é um cérebro eficiente. Um cérebro não carregado com preocupações igualitárias pode decidir "Bandido... mordaz... porco... cê-dê-efe... simplório" e, então, passar ao próximo item na lista de coisas a fazer.[37] Contudo, tal rapidez tem um custo — principalmente para os outros — de precisão, em particular quando nossos esquemas não refletem de fato a realidade. Nem sempre temos tempo (ou o fazemos disponível), oportunidade, motivação ou recursos mentais de que precisamos para avaliar a rica, complexa e única personalidade de qualquer pessoa que encontramos. E também nem sempre temos tempo ou disposição para fazer uma pausa e avaliar se corremos o risco de sermos preconceituosos e tentar uma correção. Podemos nem mesmo reconhecer os capangas — ou as capangas — dos estereótipos quando eles nos encaram. Tão onipresente é a imagem de mulheres como objetos sexuais, por exemplo, que pesquisadores no experimento de estímulo de mulheres como objetos sexuais descobriram, durante a inquirição pós-experimento, que muitos dos homens que assistiram aos anúncios machistas tinham certeza de estarem no grupo de controle, pois os anúncios que viram "não eram machistas".

Entretanto, psicólogos sociais estão começando a investigar quais estratégias podem nos ajudar a frustrar as tendências fanáticas de nossos cérebros.[38] O fato de que nossos inconscientes, no devido tempo, ajudarão — se fizermos com tenacidade o esforço consciente de agir de uma certa maneira em tipos particulares de situações (o fenômeno descrito no Capítulo 6) — oferece um vislumbre de esperança. Parece que podemos ser capazes de treinar nossos cérebros para substituir seus preconceitos espontâneos por reflexos mais aceitáveis.

O primeiro passo consiste em reconhecer o indesejado fanatismo de nossos cérebros. De fato, a maioria de nós tem familiaridade com a desconcertante experiência de um pensamento vergonhosamente fanático surgir de maneira espontânea em nossas consciências. Uma pessoa branca pode saber que *não deve* se sentir especialmente preocupada em relação às intenções de um homem negro que caminha em sua direção em uma rua deserta, mas de fato sabe que talvez se preocupe. Quando pesquisadores norte-americanos perguntaram a um grupo de estudantes não-negros sobre as diferenças entre suas respostas do tipo "deveria" e "desejaria" em relação às pessoas negras, a maioria admitiu que, com freqüência, experimentava pensamentos racistas involuntários que iam contra aos princípios acromáticos mantidos conscientemente.

Todavia, um subconjunto de um grupo afirmou que quase sempre respondia aos negros na forma como uma pessoa sem preconceitos deveria. Você pode pensar que estavam enganando a si próprios ou, talvez, tentando impressionar os pesquisadores. Na verdade, eles pareciam ter conseguido reprogramar seus cérebros fanáticos para melhor. Quando os pesquisadores deram a esses estudantes a tarefa já descrita de avaliar piadas, os estudantes não acharam graça nas piadas racistas, mesmo quando foram fortemente distraídos enquanto avaliavam os risos. Como seus cérebros estavam muito ocupados com a tarefa consumidora de atenção que envolvia contagem e memorização para serem capazes de muito trabalho para suprimir qualquer diversão involuntária com as piadas racistas, esses estudantes provavelmente desprezavam o humor baseado no estereótipo de negros. Entrevistando pessoas cujas respostas aos negros do tipo "desejaria" se mantinham firmemente alinhadas com suas respostas do tipo "deveria", os pesquisadores estavam inclinados a pensar que essas pessoas exemplares tinham conseguido se livrar dos indesejáveis preconceitos automáticos com esforços conscientes e treinamento.

Caso isso soe um tanto quanto assombroso, uma confiável intenção de implementação pode oferecer uma alternativa mais fácil para situações em que sabemos que somos culpados por estereotipagem. ("Sempre que vejo uma pessoa escocesa, digo para mim mesmo: 'Não estereotipe!'" pode ser a reanimadora fala de meu marido na próxima vez em que ele se deparar com um tecido xadrez.) Pesquisadores descobriram que pessoas que formam intenções de implementação igualitárias desse tipo não são influenciáveis pelos efeitos inconscientes do estímulo estereotipado.[39]

Isso, então, nos oferece algo para seguirmos adiante. Podemos ficar um pouco mais alegres com o pensamento de que, com vigilância incessante, prática contínua e estrênuo esforço mental, podemos conseguir tratar os outros de forma equilibrada e justa em pelo menos algumas das inúmeras situações que sugerem estereotipagem. Entretanto, é provável que a caminhada para a liberdade do fanatismo será muito mais longa e árdua do que muitos de nós estamos aptos a suportar.

Especialmente em uma pousada escocesa sem uma xícara de bom e forte chá para nos fortificar.

EPÍLOGO

O Cérebro Vulnerável

AFINAL, O QUE DEVEMOS pensar de tudo isso? Ao longo deste livro, vimos que o cérebro em que confiamos tão implicitamente para fazer as coisas certas por nós tem idéias próprias. Um exímio manipulador de informação, o cérebro nos coloca diante de uma mera fachada da realidade. A vaidade nos protege das intragáveis verdades sobre nós mesmos. Métodos covardes de contabilidade moral também servem cuidadosamente ao princípio da autoglorificação, com freqüência à custa de outros. As emoções acrescentam um enganador brilho próprio, colorindo e confundindo nossas opiniões enquanto discretamente tramam nosso comportamento e senso de existência. A irracionalidade encobre nosso juízo, deixando-nos vulneráveis a erros e ilusões — uma situação que é ainda agravada por nossa teimosia. O discreto inconsciente se delicia com o punhado de cordas que tem para puxar, nos escondendo muitas das verdadeiras influências sobre nossos pensamentos e atos. Nossa vontade, temperamental e caprichosa, sucumbe facilmente diante de indesejados impulsos e distrações. E, desatento a nossas boas intenções, o ignóbil uso de estereótipos pelo cérebro embacia nossa visão dos outros em um inevitável fanatismo.

É PERTURBADOR NOS DEFRONTARMOS com a evidência dos disfarces do cérebro que distorcem e enganam, e com razão. Um cérebro com idéias próprias contradiz nosso forte senso de que o mundo é exatamente como nos parece e nossa errônea crença de que nossa visão do "exterior" é clara e verdadeira. Na verdade, parece que nossas atitudes são os confusos produtos de muitos fatores conflitantes. Em constante atrito com nosso desejo de conhecer a verdade a respeito do mundo, poderosos mecanismos protegem nossa auto-estima, nosso senso de segurança e nossos pontos de vista preexistentes. Inúmeras irracionalidades, vieses e atitudes estranhas se confrontam com nossos inegáveis poderes de cognição e sorrateiramente minam a precisão de nossas crenças.

Não é surpresa que não consigamos conviver uns com os outros! Você pode achar que está apenas folheando o jornal enquanto vai para o trabalho, mas, como agora sabemos, sua mente está ocupada com tantas coisas como você jamais poderia imaginar. Um relatório que indica que as taxas de divórcio estão aumentando é descartado com críticas pela mulher cujo anel de noivado resplandece em seu dedo.[1] "Não há fumaça sem fogo" é a opinião confiante do homem que de modo furtivo acabou de tomar conhecimento das últimas chamas de um escândalo de celebridades na coluna social.[2] Relatórios anunciando "Nenhuma Arma de Destruição em Massa Foi Encontrada no Iraque" fazem com que pelo menos alguns norte-americanos acreditem que armas de destruição em massa *foram* encontradas no Iraque.[3] Em uma extraordinária e real demonstração da vulnerabilidade de crenças ao contexto psicológico, foi pedido a norte-americanos e alemães que pesquisassem com cuidado algumas notícias sobre a guerra do Iraque que tivessem sido posteriormente retratadas. Os alemães (que, como uma nação, se opuseram à guerra) expressaram grande suspeita a respeito da verdadeira motivação da coalizão para a guerra. (A palavra "petróleo" não deixou de ser mencionada.) Trabalhando com esse desconfiado estado de espírito, os alemães sensatamente descartaram informação errônea sobre a guerra: como você esperaria, eles não acreditaram em coisas que sabiam terem sido retratadas. Praticamente nenhum dos céticos alemães se lembrou de maneira incorreta que armas de destruição em massa (ADM) foram encontradas no Iraque.

Contudo, em estranho contraste, os norte-americanos — embora lembrassem que afirmações sobre a guerra tinham sido retratadas — ainda continuavam acreditando nelas! Como a destruição de ADM havia sido apresentada como o principal motivo para a guerra liderada pelos EUA, não por coincidência um terço dos norte-americanos sondados sucumbiu à falsa recordação do tão propalado armamento. Assim, em suas mentes, a visão oficial dos EUA quanto à necessidade da guerra foi completamente justificada. A verdade — já uma vítima da guerra — recebeu um segundo e duro golpe.

A mente mentirosa não apenas corrompe nossa visão do mundo, mas também distorce nossa impressão de outras pessoas. Um juiz de uma pequena cidade na Pensilvânia, ainda lamentando a perda de um animal de estimação da família, é implacável com um réu acusado de crueldade contra animais.[4] O psiquiatra, perturbado pelos incuráveis e devastadores sintomas de crianças com autismo, acha natural que o estilo da criação dada pelas destroçadas e exaustas mães é o culpado.[5] Um transeunte se pergunta por que o mendigo não toma jeito e arranja um emprego, sem sequer um pensamento sobre como as circunstâncias e má sorte podem extinguir a força de vontade e reprimir as melhores das intenções.[6] Enquanto isso, os estereótipos com que interpretamos o comportamento dos outros estão sempre em ação: simplificando, distorcendo, descartando e inventando. A esposa, irada com uma injustiça, é questionada por que está tão agitada.[7] A cientista é julgada ligeiramente inferior por seus pares.[8] O negro que saca a carteira é morto pela polícia.[9]

Não é apenas nosso entendimento dos outros que é torto e inconfiável. Talvez seja também problemático tomar conhecimento dessa farsa que se passa por autoconhecimento. Nossa concepção de nós mesmos, como descobrimos, é flexível, adaptando-se com fluidez às nossas circunstâncias e humores, assim como às petulantes exigências da auto-estima. E nem sempre o cérebro evasivo tem a cortesia de nos informar de todas as verdadeiras fontes de nossos sentimentos e opiniões. Que vergonhoso catálogo de influências arbitrárias temos sobre nós. A desesperança em relação ao seu trabalho, por mais sentida que seja, passará com o tempo. O *joie de vivre* virá junto com aquela nota de cinqüenta dólares encontrada na rua. Os colegas de trabalho de quem desgostamos parecem menos desagradáveis, graças ao fragrante perfume do novo aromatizador de ar do escritório.[10] Uma determinada marca de espaguete, e não outra, é colocada em seu carrinho de compras simplesmente por estar na prateleira do supermercado.[11] Como se os psicólogos já não nos tivessem embaraçado o suficiente, recentemente revelaram que somos de modo estranho atraídos por aquelas coisas que inconscientemente nos lembram da pessoa que amamos acima de tudo — nós mesmos. Cegados pelo auto-amor, quando o cérebro avalia locais, carreiras e parceiros de vida em potencial, isso favorece aqueles que compartilham as amadas letras que aparecem em nosso próprio nome.[12] Há mais pessoas chamadas Louis morando na cidade de St. Louis que poderíamos esperar pelo acaso. Um(a) dentista tem mais probabilidade de se chamar Denis ou Denise que (os igualmente populares) Jarrod ou Beverly. Joseph tem mais probabilidade de cair de joelhos diante de Josephine que de Charlotte. ("Quanto a amo? Deixe-me contar os Js", dizem os espirituosos pesquisadores.) No entanto, você já ouviu alguém explicar que se mudou para Seattle porque seu nome é Sean? Mesmo quando tomamos algumas das mais importantes decisões de nossas vidas, somos sem sentir persuadidos pelas caprichosas preocupações do cérebro.

Não é surpresa, portanto, que os verdadeiros motivos de nossas ações permaneçam perturbadoramente obscuros a maior parte do tempo. Parece que temos tão pouco entendimento de nosso próprio comportamento como de nossos pensamentos. Também não temos muito controle sobre nós mesmos, como pensávamos. E isso não é apenas porque a vontade consciente é fraca e agressiva (e, talvez, não passe de uma ilusão agradável). Tomamos conhecimento de algumas das inúmeras maneiras como, sem qualquer conhecimento de nossa parte, nosso comportamento é alterado de maneira sutil pelo que se passa à nossa volta. Estamos, de certo modo, à mercê dos eventuais esquemas que são estimulados em nós. O trem sujo e malcuidado encoraja atitudes ainda mais descuidadas nos passageiros.[13] A revista masculina repleta de mulheres nuas deixa os leitores mais inclinados a esticar os olhos e flertar com suas companhias femininas. As letras racistas das canções de rap que tocam no rádio insuflam a hostilidade contra pessoas negras.[14] Também não estamos imunes às influências de nossas companhias. Pesquisa recente trouxe à luz o contágio pelas motivações de outras pessoas. Homens, expostos à descrição de outro homem que tentou seduzir uma jovem mulher em um encontro sexual casual, dedicaram-se a este mesmo objetivo com vigor aumentado.[15]

O que é mais alarmante nessa pesquisa é como essas mudanças imperceptíveis em nós ocorrem sem nossa permissão consciente. Até mesmo o homem com a mais louvável atitude em relação às mulheres é suscetível aos sutis efeitos dos anúncios machistas que o bombardeiam a caminho do trabalho. A mulher que segura a cabeça nas mãos ao ver o último bestseller de John Gray* se mostra, entretanto, um pouco menos indignada a respeito da sorte das mulheres após rir com uma piada que explora justamente essas caricaturas dos sexos do tipo Marte-*versus*-Vênus. Quando o sujeito mau e agressivo

---

* John Gray: escritor norte-americano que ficou mundialmente conhecido em 1992, quando seu livro *Homens São de Marte, Mulheres São de Vênus* foi publicado. Nesse e em outros livros, defende a tese de que homens e mulheres são intrinsecamente diferentes em seus comportamentos e que a harmonia entre os sexos pode ser alcançada com o reconhecimento e com a aceitação dessas diferenças. (N.T.)

do filme de ação é negro, mesmo o mais sincero adepto de princípios acromáticos se torna inclinado a interpretar erroneamente as intenções do homem negro que o pára para perguntar as horas. Nossos valores e princípios oferecem pouca defesa contra os traiçoeiros efeitos do ambiente.

A extraordinária exposição da mente descrita neste livro ressalta a importância da psicologia experimental para nosso entendimento do mundo, das outras pessoas e de nós mesmos. É difícil, se não impossível, apontar o dedo para uma determinada pessoa e, com qualquer grau de certeza, acusá-la de um crime de polarização. Situações da vida real são demasiadamente complicadas para que sejamos capazes de dizer "Você só pensa que o pai (ou a mãe) deve ter a guarda da criança por causa da maneira como a pergunta foi feita" ou "Você deu um bônus menor àquela pessoa apenas porque é uma mulher", ou "Você só escolheu esse carro porque o vendedor o encheu de café e biscoitos". De fato, graças a nosso iludido senso de autoconhecimento, essas afirmações (em particular se voltadas para nós) parecem risíveis. Todavia, como vimos, um bem-elaborado experimento de psicologia — manipulando cuidadosamente o fator de nosso interesse — pode expor a evidência concreta e inquestionável dessas estranhas e quase sempre indesejadas influências em ação.

Como uma observação mais esperançosa, reconhecer e aceitar nossa vulnerabilidade às muitas maquinações corriqueiras do cérebro provê uma modesta possibilidade de defesa contra elas. Algumas fontes de contaminação mental, como isso foi chamado, podem ser contornadas apenas sendo evitadas.[16] Se você não quer adotar inconscientemente os valores de revistas femininas, não as compre. Se você não quer ser polarizado por expectativas racistas em relação ao desempenho de estudantes negros, corrija as provas anonimamente. Se você não quer acreditar nas alardeadas alegações dos anúncios, não os veja.[17] Se você não quer que seus filhos inconscientemente sejam expostos a mensagens violentas, machistas, racistas e materialistas, proteja-os delas sempre que puder e explique a eles por que está fazendo isso.

Também é um prazer informá-lo de que, apenas lendo este livro, você armou-se um pouco contra ataques à integridade de seus juízos e comportamento. (Por que não proteger também seus amigos e familiares? Compre exemplares para eles.) Eventos mentais que manipulam nossos cérebros — emoções, humores, esquemas, estereótipos e assim por diante — perdem um pouco de seus efeitos quando temos ciência de sua possível influência sobre nós. Lembra-se do experimento descrito no Capítulo 2, em que voluntários foram questionados, em dias chuvosos e em dias ensolarados, a respeito de sua satisfação com a vida? A alguns foi previamente feita uma pergunta sobre o tempo, e suas respostas foram menos afetadas por humores induzidos pelo clima do que aqueles que não foram alertados sobre as condições climáticas.[18] Mantermo-nos atentos à nossa suscetibilidade a influências poluentes pode apenas ajudar-nos a contrabalançá-las. Infelizmente, nem sempre conseguimos fazer isso de modo correto; algumas vezes erramos para menos, e outras, para mais. No entanto, é melhor que nada.[19]

Embora o véu que nosso cérebro furtivamente coloca sobre a realidade jamais possa ser completamente removido, há outras razões para que não percamos de vez a esperança. Podemos nos sentir encorajados pelo fato de que determinados esforços de nossa parte para vermos o mundo com precisão podem ajudar a contrabalançar as distorções. Se a precisão for muito importante para nós, somos capazes de ser mais conscientes ao reunir e avaliar evidências. Se for suficiente o bastante para você não estereotipar um determinado grupo, por exemplo, então, não com um esforço pequeno, você conseguirá, como vimos no Capítulo 8. Além disso, também não devemos ser completamente dependentes das motivações de outras pessoas para vermos as coisas como são. Responsabilizar as pessoas pelos juízos que fazem de outros muito contribui para que foquem suas visões dos outros com mais clareza.[20]

O melhor de tudo é que podemos recrutar as idéias próprias do cérebro e usá-las em nosso favor, como quando treinamos o mordomo mental de nosso inconsciente para realizar, com eficiência e pouco esforço, nossas aspirações. Com algum trabalho de nossa parte, o inconsciente pode passar a responder automaticamente a determinadas situações, de uma maneira que esteja de acordo com nossos desejos conscientes. Os vigilantes do peso, descritos no Capítulo 7, por exemplo, treinaram seus mordomos mentais para responder às tentações calóricas fechando a boca e balançando a cabeça. Da mesma forma, como vimos no Capítulo 8, parece possível convencer nossos cérebros a substituir suas indesejadas reações intolerantes a grupos estereotipados por atitudes mais esclarecidas.

Contudo, junto com essa débil esperança de que não somos mártires inteiramente indefesos das ficções do cérebro, vem a responsabilidade. "Sabedoria é o principal; portanto, adquira sabedoria e aproveite para também adquirir compreensão." Esta não é uma tarefa simples, claro. É muito mais fácil aplicar as lições das pesquisas descritas aqui aos outros do que a nós mesmos.[21] Ironicamente, uma parte do pacote de vaidades e fraquezas do cérebro humano é que secretamente duvidamos que nós mesmos sejamos vulneráveis a essas vaidades e fraquezas. (Perguntei a meu marido se ele achava que eu tinha me tornado uma pessoa mais tolerante, compreensiva e perceptiva após escrever este livro. Ele me olhou sem nada responder.)

Entretanto, devemos nos elevar nobremente acima de nós mesmos. Temos uma dívida de responsabilidade conosco e com os outros para diminuir os danosos efeitos das variadas fraudes do cérebro sempre que possível. Devemos manter os olhos e ouvidos abertos em relação às influências que podem nos desviar do caminho quando tomamos decisões importantes. Ser mais tolerantes em relação aos pontos de vista opostos, por mais que possa parecer que estamos no lado dos anjos. Reforçar nossas fracas vontades para não ceder às tentações, distrações e impulsos. Resistir à pronta cumplicidade de estereótipos quando julgamos os outros. Tentar dedicar o esforço necessário para alinhar as desobedientes ações do inconsciente de acordo com nossos princípios e valores. (E não explorar a corda frouxa dos cérebros das outras pessoas para vender mais refrigerantes.)

Acima de tudo, devemos tentar permanecer sempre alerta às distorções e encenações de nossos obstinados cérebros. Afinal, eles estão sempre conosco.

Notas

Capítulo 1. O Cérebro Presunçoso

1. Nuttin, J. M. "Narcissism beyond Gestalt and awareness: the name-letter effect". *European Journal of Social Psychology* 15: 353-61. 1985.

2. Por exemplo, Epley, N. e D. Dunning. "Feeling 'holier than thou': are self-serving assessments produced by errors in self-or social prediction?". *Journal of Personality & Social Psychology* 79: 861-75. 2000; Heath, C. "On the social psychology of agency relationships: lay theories of motivation overemphasize extrinsic incentives". *Organizational behavior & Human Decision Processes* 78: 25-62. 1999; e Svenson, O. "Are we all less risky and more skilled than our fellow drivers?". *Acta Psychologica* 47: 143-48. 1981.

3. Dunning, D., J. A. Meyerowitz e A.D. Holzberg. "Ambiguity and self-evaluation: the role of idiosyncratic trait definition in self-serving assessments of ability". In: *Heuristic and biases: the psychology of intuitive judgment*, organizado por T. Gilovich et al. Nova York: Cambridge University Press, 2002, p. 324-33.

4. Quando avaliam o que torna alguém inteligente ou criativo, ou um bom líder, as pessoas consideram mais importantes os atributos que elas próprias possuem. Veja, por exemplo, Dunning, D., M. Perie e

A. L. Story. "Self-serving prototypes of social categories". *Journal of Personality & Social Psychology* 16: 957-68. 1991.
5. Campbell, J. D. "Similarity and uniqueness: the effect of attribute type, relevance, and individual differences in self-esteem and depression". *Journal of Personality & Social Psychology* 50:281-94. 1986.
6. Por exemplo, Larson, J. R. "Evidence for a self-serving bias in the attribution of casuality". *Journal of Personality* 45:430-41. 1977.
7. Campbell, W. K. e C. Sedikides. "Self-threat magnifies the self-serving bias: a meta-analytic integration". *Review of General Psychology* 3: 23-43. 1999.
8. Pronin, E., D. Y. Lin e L. Ross. "The bias blind spot: perceptions of bias in self versus others". *Personality & Social Psychology Bulletin* 28: 369-81. 2002.
9. Sanna, L. J. e E. C. Chang. "The past is not what it used to be: optimists' use of retroactive pessimism to diminish the sting of failure". *Journal of research in Personality* 37: 388-404. 2003.
10. Smith, T. W., C. R. Snyder e M. M. Handelsman. "On the self-serving function of an academic wooden leg: test anxiety as a self-handicapping strategy". *Journal of Personality & Social Psychology* 42: 314-21. 1982.
11. Burger, J. M. e R. M. Huntzinger. "Temporal effects on attributions for one's own behavior: the role of tast outcome". *Journal of Experimental Social Psychology* 21: 247-61. 1985.
12. Sedikides, C. e J. D. Green. "On the self-protective nature of inconsistency-negativity management: using the person memory paradigm to examine self-referent memory". *Journal of Personality & Social Psychology* 79: 906-22. 2000.
13. Markus, H. e E. Wurf. "The dynamic self-concept: a social psychological perspective". *Annual Review of Psychology* 38: 299-337. 1987.
14. Kunda, Z. e R. Santioso. "Motivated changes in the self-concept". *Journal of Experimental Social Psychology* 25: 272-85. 1989.
15. Santioso, R., Z. Kunda e G. T. Fong. "Motivated recruitment of autobiographical memories". *Journal of Personality & Social Psychology* 59:229-41. 1990.

16. Santioso, R. e R. Wlordarski. "In search of information that confirms a desired self-perception: motivated processing of social feedback and choice of social interactions". *Personality & Social Psychology Bulletin* 30: 412-22. 2004.
17. Os estilos de processamento de informação do "advogado intuitivo" e do "cientista intuitivo" são comparados por Baumeister, R. F. e L.S. Newman. "Self-regulation of cognitive inference and decision processes". *Personality & Social Psychology Bulletin* 20:3-19. 1994.
18. Kunda, Z. "Motivated inference: self-serving generation and evaluation of casual theories". *Journal of Personality & Social Psychology* 53: 636-47. 1987.
19. Wyer, R. S. e D. Frey. "The effects of feedback about self and others on the recall and judgments of feedback-relevant information". *Journal of Personality & Social Psychology* 19: 540-59. 1983.
20. Para um sumário, veja Kunda, Z. "The case for motivated reasoning". *Psychological Bulletin* 108: 480-98. 1990.
21. Santioso and Wlordarski, "In search of information that confirms a desired self-perception".
22. Kunda, "Motivated inference".
23. Ditto, P. H. e D. F. Lopez. "Motivated skepticism: use of differential decision criteria for preferred and nonpreferred conclusion". *Journal of Personality & Social Psychology* 63: 568-84. 1992.
24. Qattrone, G. A. e A. Tversky. "Casual versus diagnostic contingencies: on self-deception and on the voter's illusion". *Journal of Personality & Social Psychology* 46:237-48. 1984.
25. Snyder. C. R. "The 'illusion' of uniqueness". *Journal of Humanistic Psychology* 18: 33-41. 1978.
26. Kunda, "Motivated inference".
27. Para uma breve revisão da ilusão de controle e quando esta ocorre, veja Thompson, S. C. "Illusions of control: how we overestimate our personal control". *Current Directions in Psychological Science* 8: 187-90. 1999.
28. Biner, P. M. et al. "Need and the illusion of control". *Personality & Social Psychology Bulletin* 21: 899-907. 1995.

29. Por exemplo, veja Babad, E. "Wishful thinking among voters: motivational and cognitive influences". *International Journal of Public Opinion Research* 9: 105-25. 1997.
30. Babad, E. e Y. Katz. "Wishful thinking — against all odds". *Journal of Applied Social Psychology* 21: 1921-38. 1991.
31. Uhlaner, C. J. e B. Grofman. "The race may be close but my horse is going to win: wish fulfillment in the 1980 presidential election". *Political Behavior* 8: 101-29. 1986.
32. Babad, "Wishful thinking among voters".
33. Price, P. C. "Wishful thinking in the prediction of competitive outcomes". *Thinking and Reasoning* 6: 161-72. 2000.
34. Veja Taylor, S. E. e J. D. Brown. "Illusion and well-being: a social psychological perspective on mental health". *Psychological Bulletin* 103: 193-210. 1988.
35. Para um relato, de agradável leitura, da pesquisa de Martin Seligman sobre o estilo explanatório, veja Taylor, J. R. "Stop blaming yourself". *Psychology Today* 21: 31-39. 1987.
36. Danner. D. D., D. A. Snowdon e W. V. Friesen. "Positive emotions in early life and longevity: findings from the nun study". *Journal of Personality & Social Psychology* 80: 804-13. 2001.
37. Comparando os quartis inferior e superior de um número de palavras relacionadas a emoções positivas e de um número de diferentes emoções positivas expressas na passagem.
38. Fredrickson, B. L. e R. W. Levenson. "Positive emotions speed recovery from the cardiovascular sequelae of negative emotions". *Cognition and Emotion* 12: 191-220. 1980.
39. Segerstrom, S. C. et al. "Optimism is associated with mood, coping and immune change en response to stress". *Journal of Personality & Social Psychology* 74: 1646-55. 1998.
40. Veja Snyder, C. R. e R. L. Higgins. "Excuses: their effective role in the negation of reality". *Psychological Bulletin* 104:23-35. 1988.
41. Buehler, R., D. Griffin e M. Ross. "Exploring the 'Planning Fallacy': why people underestimate their task completion times". *Journal of Personality & Social Psychology* 67: 366-81. 1994.

42. Fenton-O'Creeney, M. et al. "Trading on illusions: unrealistic perceptions of control and trading performance". *Journal of Occupational and Organizational Psychology* 76: 53-68. 2003.
43. A diminuição de salário referida no texto diz respeito ao efeito, na remuneração anual, de uma mudança, dentro do desvio padrão, do grau de ilusão de controle, de acordo com o coeficiente de regressão.
44. Como avaliado usando questionários como instrumento. Veja Taylor, S. E. e P. M. Gollwitzer. "Effects of mindset on positive illusions". *Journal of Personality & Social Psychology* 69:213-26. 1995; e Gollwitzer, P. M. e R. F. Kinney, "Effects of deliberative and implemental mind-sets on illusion of control". *Journal of Personality & Social Psychology* 56: 531-42. 1989.
45. Veja Taylor and Brown, "Illusion and well-being: a social psychological perspective".
46. Deppe, R. K. e J. M. Harackiewicz. "Self-handicapping and intrinsic motivation: buffering intrinsic motivation from the threat of failure". *Journal of Personality & Social Psychology* 70:868-76. 1996.
47. Dweck, C. S. "The role of expectations and attribution in the alleviation of learned helplessness". *Journal of Personality & Social Psychology* 31:674-85, 1976; e Chapin, M. e D. G. Dyck. "Persistence in children's reading behavior as a function of N length and attribution retraining". *Journal of Abnormal Psychology* 85: 511-15. 1976.
48. Wilson, T. D., e P. W. Linville. "Improving the performance of college freshmen with attributional techniques". *Journal of Personality & Social Psychology* 49: 287-93. 1985.
49. Pyszczynski, T. et al. "Why do people need self-esteem? A theoretical and empirical review". *Psychological Bulletin* 130: 435-68. 2004.

Capítulo 2. O Cérebro Emocional

1. Bechara, A., H. Damasio e A. R. Damasio. "Emotion, decision making and the orbitofrontal cortex". *Cerebral Cortex* 10: 295-307. 2000.

2. Eslinger, P. J. e A. R. Damasio. "Severe disturbance of higher cognition after bilateral frontal lobe ablation: patient EVR". *Neurology* 35: 1731-41. 1985.
3. Saver, J. L. e A. R. Damasio. "Preserved access and processing of social knowledge in a patient with acquired sociopathy due to ventromedial frontal damage". *Neuropsychologia* 29: 1241-49. 1991.
4. Damasio, A. R., D. Tranel e H. Damasio. "Individuals with sociopathic behavior caused by frontal damage fail to respond autonomically to social stimuli". *Behavioral Brain Research* 41: 81-94. 1990.
5. Bechara, Damasio e Damasio, "Emotion, decision making and the orbitofrontal cortex".
6. Para uma discussão do papel do despertar na emoção, veja Mandler, G. *Mind and emotion: psychology of emotion and stress*. Nova York: W. W. Norton, 1984.
7. Ax, A. F. "The psychological differentiation between fear and anger in humans". *Psychosomatic Medicine* 15: 433-42. 1953
8. Segundo Mandler, Mind and emotion.
9. Cantor, J. R., D. Zillman e J. Bryant. "Enhancement of experienced sexual arousal in response to erotic stimuli through misattribution of unrelated residual excitation". *Journal of Personality & Social Psychology* 32: 69-75. 1975.
10. Schwartz, N. et al. "Soccer, rooms, and the quality of your life: mood effects on judgments of satisfaction with life in general an with specific domains". *European Journal of Social Psychology* 17: 69-79. 1987; Johnson, E. J. e A. Tversky. "Affect, generalization, and the perception of risk". *Journal of Personality & Social Psychology* 45: 20-31, 1983; e Isbell, L. M. e R. S. Wyer. "Correcting for mood-induced bias in the evaluation of political candidates: the role of intrinsic and extrinsic motivation". *Personality & Social Psychology Bulletin* 25: 237-49. 1999.
11. Isen, A. M. et al. "Affect, accessibility of material in memory, and behavior: a cognitive loop?". *Journal of Personality & Social Psychology* 36: 1-12. 1978.

12. Schwartz, N. e G. L. Clore. "Mood, misattribution, and judgments of well-being: informative and directive functions of affective states". *Journal of Personality & Social Psychology* 45: 513-23. 1983.
13. Villemure, C., B. M. Slotnick e M. C. Bushnell. "Effects of odors on pain perception: deciphering the roles of emotion and attention". *Pain* 106:101-8. 2003.
14. Johnson and Tversky. "Affect, generalization, and the perception of risk". Forgas, J. P. "Sad and guilty? Affective influences on the explanation of conflict in close relationships". *Journal of Personality & Social Psychology* 66: 56-68. 1994; e Esses, V. M. e M. P. Zanna. "Mood and expression of ethnic response". *Journal of Personality & Social Psychology* 69: 1052-68. 1995.
15. Veja, por exemplo, Forgas, J. P., "Mood and judgment: the Affect Illusion Model (AIM)". *Psychological Bulletin* 117: 39-66. 1995.
16. Niedenthal, P. M. et al. "Emotional state and the detection of change in facial expression of emotion". *European Journal of Social Psychology* 30: 211-22. 2000.
17. Fazio, R. H., D. R. Roskos-Ewoldsen e M. C. Powell. "Attitudes, perception, and attention". In: *The heart's eye: emotional influences in perception and attention*, organizado por P. M. Niedenthal e S. Kitayama. San Diego: Academic Press, 1994. p. 197-216.
18. Veja Walker, W. R., J. J. Skowronski e C. P. Thompson. "Life is pleasant — and memory helps to keep it that way!". *Review of General Psychology* 7: 203-10. 2003.
19. Veja Senior, C. et al. "Depersonalisation". *The Psychologist* 14: 128-32. 2001.
20. Sierra, M. et al. "Autonomic response in depersonalization disorder". *Archives of General Psychiatry* 59: 833-38. 2002.
21. Philips, M. L. et al. "Depersonalization disorder: thinking without feeling". *Psychiatry Research: Neuroimaging Section* 108: 145-60. 2001.
22. Para relatos de experiências de pacientes com despersonalização, veja, por exemplo, Bockner, S. "The depersonalization sundrome: report of a case". *Journal of Mental Science* 93: 968-71. 1949; e

Simeon, G., S. Gross e O. Guralnik. "Feeling unreal: 30 cases of DSM-III-R Depersonalization Disorder". *American Journal of Psychiatry* 154:1107-13. 1997.

23. Uma hipótese é que sentimentos de fundo contribuem significativamente para o senso do eu. Veja Damasio, A. R. *Descarte's error.* Londres: Macmillan, 1996.

24. Veja Young, A. W. e K. Leafhead. "Betwixt life and death: case studies of the Cotard delusion". In: *Method in madness: case studies in cognitive neuropsychiatry*, organizado por P. W. Halligan e J. C. Marshall. Hove, East Sussex: Erlbaum (UK) Taylor & Francis, 147-71. 1996.

Capítulo 3. O Cérebro Imoral

1. Haidt, J. "The emotional dog and its rational tail: a social intuitionist approach to moral judgment". *Psychological Review* 108: 814-34. 2000.

2. Haidt, J. e M. A. Hersh. "Sexual morality: the cultures and emotions of conservatives and liberals". *Journal of Applied Social Psychology* 31: 191-221. 2001.

3. Lerner, J. S., J. H. Goldberg e P. E. Tetlock. "Sober second thought: the effects of accountability, anger, and authoritarianism on attributions of responsibility". *Personality & Social Psychology Bulletin* 24: 563-74. 1998.

4. Lerner. M. J. *The belief in a just world: a fundamental delusion.* Nova York & Londres: Plenum Press, 1980.

5. Veja Lerner, M. J., *The belief in a just world*; e Mondata, L. e M. J. Lerner. *Responses to victimizations and belief in a just world.* Nova York & Londres: Plenum Press, 1998.

6. Veja, por exemplo, Younge, G. "Murder and rape — fact or fiction?". *The Guardian*, 6 de setembro de 2005. Visitado em 24 de outubro de 2005, de http://www.guardian.co.uk/katrina/story/0, 16441, 1563532,00.html. 2005.

7. Buehler, R., D. Griffin e M. Ross. "Exploring the 'Planning Fallacy': why people underestimate their task completion times". *Journal of Personality & Social Psychology* 67: 366-81. 1994.
8. Fincham, F. D., S. R. Beach e D. H. Baucom. "Attribution processes in distressed and nondistressed couples: 4. Self-partner attribution differences". *Journal of Personality & Social Psychology* 52:739-48. 1987.
9. Schütz, A. "It was your fault! Self-serving bias in autobiographical accounts of conflicts in married couples". *Journal of Social and Personal Relationships* 16: 193-208. 1999.
10. Fincham, Beach, and Baucom. "Attribution processes in distresses and nondistressed couples".
11. Schütz. "It was your fault!".
12. Kruger, J. e T. Gilovich. "Actions, intentions, and self-assessment: the road to self-enhancement is paved with good intentions". *Personality & Social Psychology Bulletin* 30: 328-39. 2004.
13. Milgram, S. "Behavioral study of obedience". *Journal of Abnormal & Social Psychology* 67: 371-78. 1963.
14. Tarnow, E. "Self-destructive obedience in the airplane cockpit and the concept of obedience optimization". In: *Obedience and authority: current perspectives on the Milgram paradigm*", organizado por T. Blass. Mahway, NJ: Lawrence Erlbaum Associates, 2000, p. 111-23.
15. Darley, J. M. e C. D. Batson, "From Jerusalem to Jericho: a study of situational and dispositional variables in helping behavior". *Journal of Personality & Social Psychology* 27: 100-119. 1973.
16. Geher, G. et al. "Self and other obedience estimates: biases and moderators". *Journal of Social Psychology* 142: 677-89. 2002.
17. Em média, eles se viram aplicando nada mais forte que cerca de 140 volts, no extremo inferior da escala "choque intenso" do painel de controle do gerador de choque de Milgram.
18. Veja Gilbert, D. T. e P. S. Malone. "The correspondence bias". *Psychological Bulletin* 117: 21-38. 1995. O viés de correspondência também é conhecido como erro fundamental de atribuição.

19. Safer, M. A. "Attributing evil to the subject, not the situtation: student reaction to Milgram's film on obedience". *Personality & Social Psychology Bulletin* 6: 205-9. 1980.
20. Pietromonaco, P. e R. E. Nisbett. "Swimming upstream against the fundamental attribution error: subjects'weak generalizations from the Darley and Batson study". *Social Behavior and Personality* 10: 1-4. 1982.
21. Uma sugestão de Gilbert e Malone, o viés de correspondência.
22. Festinger, L. e J. M. Carlsmith. "Cognitive consequences of forced compliance". *Journal of Abnormal & Social Psychology* 58: 203-10. 1959.
23. Rosentahl, A. M. *Thirty-eight witnesses: the Kitty Genovese case.* Berkeley, CA: University of California Press, 1999.
24. Veja Snyder, C. R. "Collaborative companions: the relationship of self-deception and excuse making". In: *Self-deception and self-understanding: new essays in philosophy and psychology*, organizado por M. W. Martin. Lawrence: University Press of Kansas, 1985, p. 35-51.

Capítulo 4. O Cérebro Iludido

1. A presente definição diagnóstica de ilusão é: "falsa crença baseada em inferência incorreta da realidade externa que é firmemente mantida, apesar do que todas as outras pessoas crêem e apesar do que constitui prova ou evidência incontestável ou óbvia do contrário" — American Psychiatric Association. *Diagnostic and statistical manual of mental disorders*, 4th ed. Washington, DC: Alerican Psychiatric Association. 1994. Para uma discussão das dificuldades em definir ilusão inadequadamente, veja Halligan, B. V. e H. Ellis. Beliefs about delusions. *The Psychologist* 16: 418-23. 2003.
2. Veja Maher, B. A. "Anomalous experience in everyday life: its significance for psychopathology". *The Monist* 82: 547-70. 1999. E, também, Cardeña, E., S. J. Lynn e S. Krippner (orgs.). *Varieties of*

anomalous experience: Examining the scientific evidence. Washington, DC: American Psychological Association. 2000.
3. Kunda, Z. et al. "Directional questions direct self-conceptions" *Journal of Experimental Social Psychology* 29: 63-86. 1993.
4. Shafir, E. "Choosing versus rejecting: why some opinios are both better and worse than others". *Memory & Cognition* 21: 546-56. 1983.
5. Chapman, L. J. e J. P. Chapman. "Illusory correlation as an obstacle to the use of valid diagnostic signs". *Journal of Abnormal Psychology* 74: 271-80. 1969.
6. Conway, M. e M. Ross. "Getting what you want by revising what you had". *Journal of Personality & Social Psychology* 47: 738-48. 1984.
7. Para um relato extenso e de agradável leitura da irracionalidade normal, veja Sutherland, S. *Irrationality: The enemy within*. Londres: Penguin. 1994.
8. Para uma esclarecedora discussão do poder das expectativas em relação à "síndrome pré-menstrual", veja Travis, C. *The mismeasure of woman: why woman are not the better sex, the inferior sex, or the opposite sex*. Nova York: Touchstone. 1992.
9. Ver Ellis, H. D. e M. B. Lewis. "Capgras delusion: a window on face recognition". *Trends in Cognitive Sciences* 5: 149-56. 2001.
10. Anderson, D. N. e E. Williams. "The delusion of inanimate doubles". *Psychopathology* 27: 220-25. 1994.
11. Ellis, H.D. et al. "Reduced autonomic responses to faces in Capgras delusion". *Proceedings of the Royal Society of London Series B, Biological Sciences* 264: 1085-92. 1997.
12. Ellis, H. D., and A. W. Young. "Accounting for delusional misidentifications". *British Journal of Psychiatry* 157: 239-48. 1990.
13. Por exemplo, Alexander, M. P., D. T. Stuss e D. F. Benson. "Capgras syndrome: a reduplicative phenomenon". *Neurology* 28: 334-39. 1979.
14. Veja, por exemplo, Garety, P. A. e D. Freeman. "Cognitice approaches to delusions: a critical review of theories and evidence". *British Journal of Clinical Psychology* 38: 113-54. 1999.

15. Garety, P. A., D. R. Hemsley e S. Wessely. "Reasoning in deluded schizophrenic and paranoid patients: biases in performance on a probabilistic inference task". *The Journal of Nervous & Mental Disease* 179: 194-201. 1991.
16. Para críticas da hipótese de "conclusões apressadas", veja Maher, B. A. e M. Spitzer. "Delusions". In: *Comprehensive handbook of psychopatholy*, 2nd. ed., organizado por P. B. Sutker e H. E. Adams. Nova York: Plenum Press, 1993, p. 263-93.
17. Wason, P. C. e P. N. Johnson-Laird. "Pathology of reasoning". In: *Psychopathology of reasoning: structure and content*. U.K.: BT Batsford, 1972, p. 229-39
18. Por exemplo, Kemp, R. et al. "Reasoning and delusions". *British Journal of Psychiatry* 170: 398-405. 1997; e Bentall, R. P. e H. F. Young. "Sensible hypothesis testing in deluded, depressed and normal subjects". *British Journal of Psychiatry* 168: 372-75. 1996.
19. Estes são os modelos de dois fatores. Veja, por exemplo, Davies, M. et al. "Monothematic delusions: toward a two-factor account". *Philosophy, Psychiatry & Psychology* 8: 133-58. 2001.
20. Maher, "Anomalous experience in everyday life".
21. Veja Zimbardo. P. G. "Discontinuity theory: cognitive and social searches for rationality and normality — may lead to madness". In: *Advances in experimental and social psychology* 31, organizado por M. P. Zanna. San Diego: Academic Press, 1999, p. 345-486.
22. Deve ser observado que fobias são classificadas como desordens de ansiedade e não como ilusões. *Desordem de ilusão* — tipo somático: ilusão de que se tem um defeito físico ou um problema de saúde. *Desordem de ilusão* — tipo persecutório: ilusão de que a própria pessoa (ou alguém próximo a ela) está sendo tratada com maldade.
23. Frith, C. D. *The cognitive neuropsychology of schizophrenia*. Hove, U.K.: LEA. 1992.
24. Relatado em Maher, B. A. "Anomalous experience and delusional thinking: the logic of explanations". In: *Delusional beliefs*. T. F. Oltmanns e B. A. Maher. Nova York: John Wiley & Sons, 1998.
25. Peters, E. R., S. A. Joseph e P. A. Garety. "Measurement of delusional ideation in the normal population: introduction to the PDI

(Peters et al. Delusions Inventory)". *Schizophrenia Bulletin* 25: 553-76. 1999.
26. *Time*/CNN. 15 de junho de 1997. *Poll: U.S. hiding knowledge of aliens* [Pesquisa interativa de opinião feita pela CNN e disponibilizada na *World Wide Web*]. Visitado em 22 de novembro de 2004 em http://www.cnn.com/US/9706/15/ufo.poll/index.html.
27. Peters et al., "Measurement of delusional ideation".
28. Veja Sanderson, S., B. Vandenberg e P. Paese. "Authentic religious experience or insanity"? *Journal of Clinical Psychology* 55: 607-16. 1999; e O'Connor, S. e B. Vandenberg. "Psychosis or faith? Clinicians' assessments of religious beliefs". *Journal of Consulting and Clinical Psychology* 73: 610-16. 2005. A avaliação geral da patologia psicótica de crenças católicas foi significativamente mais baixa que a avaliação de crenças dos mórmons.
29. Sugerido, por exemplo, por Maher, "Anomalous experience in everyday life".
30. Por exemplo, pacientes não psiquiátricos que tiveram experiências de alucinação têm, em comparação com pacientes sujeitos a alucinações psiquiátricas, maiores probabilidades de serem casados, de sentirem-se à vontade para falar de suas opiniões e de terem experiências positivas de opinião. Não parece haver muita diferença nas experiências alucinatórias *per si*. Veja Bentall, R. P. "Hallucinatory experiences". In: *Varieties of anomalous experience: examining the scientific evidence*, organizado por E. Cardeña, S. J. Lynn e S. Krippner. Washington, DC: American Psychological Association, 2000, p. 85-120.

Capítulo 5: O Cérebro Cabeça-Dura

1. Sedaris, D. *Dress your family in corduroy and denim*. U.K.: Abacus, 2004.
2. Careta, T. R. e R. L. Moreland. "Nixon and Watergate: a field demonstration of belief perseverance". *Personality & Social Psychology Bulletin* 8: 446-53. 1982.

3. Stewart, A. J. et al. "Preliminary communication: malignant disease in childhood and diagnostic irradiation in *utero*". *Lancet* 447 (1956). Para mais informação sobre a pesquisa de Alice Stewart, veja Greene, G. *The woman who knew too much: Alice Stewart and the secrets of radiation*. Ann Arbor: University of Michigan Press, 1999.
4. Lord, C. G., L. Ross e M. R. Lepper. "Biased assimilation and attitude polarization: the effects of prior theories on subsequently considered evidence". *Journal of Personality & Social Psychology* 37: 2098-109. 1979.
5. Edwards, K. e E. E. Smith. "A disconfirmation bias in the evaluation of arguments". *Journal of Personality & Social Psychology* 71: 5-24. 1996.
6. Mahoney, M. J. "Publication prejudices: an experimental study of confirmatory bias in the peer review system". *Cognitive Therapy & Research* 1: 161-75. 1977.
7. Relatado em Greene, *The woman who knew too much*.
8. Taylor, S. E. e P. M. Gollwitzer. "Effects of mindset on positive illusions". *Journal of Personality & Social Psychology* 69: 213-26. 1995.
9. Veja Talbot, M. "The placebo prescription". *New York Times Magazine*, 9 de janeiro de 2000. Disponível em http://www.nytimes.com/library/magazine/home/20000109mag-talbot7.html.
10. Benedetti, F., G. Maggi e L. Lopiano. "Open versus hidden medical treatments: the patient's knowledge about a therapy affects the therapy outcome". *Prevention & Treatment* 6. 2003.
11. Veja, por exemplo, Rosenthal, R. "Experimenter and clinician effects in scientific inquiring and clinical practice". *Prevention & Treatment* 5. 2002; e Rosenthal, R. "Interpersonal expectancy effects: a 30-year perspective". *Current Directions in Psychological Science* 3: 176-79. 1994.
12. Rosenthal, R. "Covert communication in laboratories, classrooms, and the truly real world". *Current Directions in Psychological Science* 12: 151-4. 2003.

13. Downey, G. et al. "The self-fulfilling prophecy in close relationships: rejection sensitivity and rejection romantic partners". *Journal of Personality & Social Psychology* 75: 545-60. 1998.
14. Abelson, R. P. "Beliefs are like possessions". *Journal for the Theory of Social Behavior* 16: 223-50. 1986.
15. Ross, L., M. R. Lepper e M. Hubbard. "Perseverance in self-perception and social perception: biased attributional processes in the debriefing paradigm". *Journal of Personality & Social Psychology* 32: 880-92. 1975.
16. Lepper, M. R., L. Ross e R. R. Lau. "Persistence of inaccurate beliefs about the self: perseverance effects in the classroom". *Journal of Personality & Social Psychology* 50: 482-91. 1986.
17. Ross. L. et al. "Social explanation and social expectation: effects of real and hypothetical explanations on subjective likelihood". *Journal of Personality & Social Psychology* 35: 817-29. 1977.
18. Gilbert, D. T., R. W. Tafarodi e P. S. Malone. "You can't not believe everything you read". *Journal of Personality & Social Psychology* 65: 221-33. 1993. Veja também Gilbert, D. T. "How mental systems believe". *American Psychologist* 46: 107-19. 1991.
19. Pretty, R. E. e J. T. Cacioppo. "The elaboration likelihood model of persuasion". In: *Advances in experimental social psychology* 19, organizado por L. Berkowitz. Nova York: Academic Press, 1986, p. 123-205.
20. Gilbert, Tafarodi e Malone. "You can't not believe everything".
21. Wegner, D. M. et al. "Incrimination through innuendo: can media questions become public answers?". *Journal of Personality & Social Psychology* 40: 822-32. 1981.
22. Para uma explicação deste resultado, veja Gilbert, "How mental systems believe".
23. Lieberman, J. D. e J. D. Arndt. "Understanding the limits of limiting instructions: social psychological explanations for the failures of instructions to disregard pretrial publicity and other inadmissible evidence". *Psychology, Public Policy & Law* 6: 677-711. 2000.
24. Bryant, F. B. e R. L. Guilbault. "'I knew it all along' eventually: the development of hindsight bias in reaction to Clinton impeachment verdict". *Basic & Applied Social Psychology* 24: 27-41. 2002.

25. Para uma revisão do efeito do viés da percepção retrospectiva, veja Hawkins, S. A. e R. Hastic. "Hindsight: biased judgments of past events after the outcomes are known". *Psychological Bulletin* 107: 311-27. 1990.
26. Hastic, R., D. Schkade e J. W. Payne. "Juror judgments in civil cases: hindsight effects on judgments of liability for punitive damages". *Law & Human Behavior* 23: 597-614. 1999.
27. Schwartz, B. L. "Illusory tip-of-the-tongue states". *Memory* 6: 623-42. 1998.
28. Cohen, R. "No time for hubris". *Washington Post*. 20 de fevereiro. 1991.

Capítulo 6: O Cérebro Discreto

1. Bargh, J. A. e T. L. Chartrand. "The unbearable automaticity of being". *American Psychologist* 54: 462-79. 1999.
2. Veja Bargh, J. A. e K. Barndollar. "Automaticity in action: the unconscious as repository of chronic goals and motives". In: *The psychology of action: linking cognition and motivation to behavior*, organizado por P. M. Gollwitzer e J. A. Bargh. Nova York: The Guildford Press, 1996.
3. Fitzsimons, G. M. e J. A. Bargh. "Thinking of you: nonconscious pursuit of interpersonal goals associated with relationship partners". *Journal of Personality & Social Psychology* 84: 148-64. 2003.
4. Gilbert, D. T. e J. G. Hixon. "The trouble of thinking: Activation and application of stereotypes". *Journal of Personality & Social Psychology* 68: 509-17. 1991.
5. Shah, J. "Automatic for the people: how representations of significant others implicitly affect goal pursuit". *Journal of Personality & Social Psychology* 84: 661-81. 2003.
6. Fitzsimons and Bargh, "Thinking of you".
7. Bargh, J. A., M. Chen e L. Burrows. "Automaticity of social behavior: direct effects of trait construct and stereotype activation on action". *Journal of Personality & Social Psychology* 71: 230-44. 1996.

8. Dijksterhuis, A., and A. van Knippenberg. "The relation between perception and behavior, or how to win a game of Trivial Pursuit". *Journal of Personality & Social Psychology* 74: 865-77. 1998.
9. Bargh, Chen, and Burrows. "Automaticity of social behavior".
10. Moore, T. E. Subliminal advertising: what you see is what you get". *Journal of Marketing* 46: 38-47. 1982.
11. Para uma discussão do papel do estímulo na pesquisa de consumo, veja Bargh, J. A. "Losing consciousness: automatic influences on consumer judgment, behavior, and motivation". *Journal of Consumer Research* 29:280-85. 2002.
12. Berridge, K. C. e P. Winkielman. "What is an unconscious emotion? (The case for unconsciou 'liking')". *Cognition & Emotion* 17: 181-211. 2003.
13. Strahan, E. J., S. J. Spencer e M. P. Zanna. "Subliminal priming and persuasion: striking while the iron is hot". *Journal of Experimental Social Psychology* 38: 556-68. 2002.
14. Cooper, J. e G. Cooper. "Subliminal motivation: a story revisited". *Journal of Applied Social Psychology* 32: 2213-27. 2002.
15. Johnstrude, I. S., et al. "Impaired preference conditioning after anterior temporal lobe resection in humans". *Journal of Neuroscience* 20: 2649-56. 2000. Para o clássico trabalho sobre este tema, veja Nisbert, R. E. e T. D. Wilson. "Telling more than we can know: verbal reports on mental processes". *Psychological Review* 84: 231-59. 1977.
16. Zimbardo, P. G. "Discontinuity theory: Cognitive and social searches for rationality and normality — may lead to madness". In: *Advances in experimental social psychology* 31, organizado por M. P. Zanna. San Diego: Academic Press, 1999, p. 345-486.
17. Bem, D. J. "Self-perception theory". In: *Advances in experimental social psychology* 6, organizado por L. Berkowitz. Nova York: Academic Press, 1972, p. 1-62.
18. Lepper, M. R., D. Greene e R. E. Nisbett. "Undermining children's intrinsic interest with extrinsic reward: a test of the overjustification hypothesis". *Journal of Personality & Social Psychology* 28: 129-37. 1973.

19. Wegner, D. M. *The illusion of conscious will*. Cambridge, MA: MIT Press. Veja também Wegner, D. M. 2002. "The mind's best trick: how we experience conscious will". *Trends in Cognitive Sciences* 7: 65-69. 2003.
20. Libet, B. et al. "Time of conscious intention to act in relation to onset of cerebral activities (readiness-potential): the unconscious initiation of a freely voluntary act". *Brain* 106: 623-42. 1983. Para discussão mais detalhada deste estudo, veja Libet, B. "Unconscious cerebral initiative and the role of conscious will in voluntary action". *Behavioral & Brain Sciences* 8: 529-66. 1985.
21. Libet, B. "Do we have free will?". *Journal of Consciousness Studies* 6: 47-57. 1999.

Capítulo 7: **O Cérebro sem Força de Vontade**

1. Baumeister, R. F. e J. J. Exline. "Virtue, personality, and social relations: self-control as the moral muscle". *Journal of Personality* 67: 1165-94. 1999.
2. Baumeister, R. F. et al. "Ego depletion: is the active self a limited resource?". *Journal of Personality & Social Psychology* 74: 1252-65. 1998.
3. Baumeister, R. F. et al. "Ego depletion. Os autores estavam particularmente interessados no efeito do esgotamento do ego em respostas ativas *versus* respostas passivas, onde foi observado o efeito estatístico mais forte.
4. Baumeister, R. F. et al. "Ego depletion"; e Schmeichel, B. J., K. D. Vohs e R. F. Baumeister. "Intellectual performance and ego depletion: role of the self in logical reasoning and other information processing". *Journal of Personality & Social Psychology* 85: 33-46. 2003.
5. Vohs, K. D., R. F. Baumeister e N. J. Ciarocco. "Self-regulation and self-presentation: regulatory resource depletion impairs impression management and effortful self-presentation depletes regulatory

resources". *Journal of Personality & Social Psychology* 88: 632-57. 2005.

6. Como avaliado por diversas medidas baseadas em questionários. Vohs, Baumeister e Ciarocco, "Self-regulation and self-presentation.

7. Tice, D. M., E. Bratslavsky e R. F. Baumeister. "Emotional distress regulation takes precedence over impulse control: if you feel bad, do it!" *Journal of Personality & Social Psychology* 30: 53-67. 2001.

8. Tice, Bratslavsky e Baumeister. "Emotional distress regulation".

9. Baumeister, R. F. et al. "Social exclusion impairs self-regulation". *Journal of Personality & Social Psychology* 88: 589-604. 2005.

10. Isso também foi confirmado estatisticamente com o uso de aná lise de mediação.

11. "Minha terceira máxima era a de procurar vencer sempre a mim próprio em vez da ordem do mundo, e, em geral, habituar-me à idéia de que, exceto por nossos pensamentos, nada está absolutamente sob nosso controle". René Descartes (*Discurso do método*, parte III). Citado neste contexto por Wegner, D. M. "When the antidote is the poison: Ironic mental control processes". *Psychological Science* 8: 148-50. 1997.

12. Veja, por exemplo, Wegner, D. M. "Ironic processes of mental control". *Psychological Review* 101:34-52. 1994.

13. Ansfield, M. E., D. M. Wegner e R. Bowser. "Ironic effects of sleep urgency". *Behavioral Research & Therapy* 34: 523-31. 1996.

14. Ferraro, R., B. Shiv e J. R. Bettman. "Let us eat and drink, for tomorrow we shall die: effects of mortality salience and self-esteem on self-regulation in consumer choice. *Journal of Consumer Researh* 32: 65-75. 2005.

15. Ruraven, M., R. F. Baumeister e D. M. Tice. "Longitudinal improvement of self-regulation through practice: building self-control strength through repeated exercise". *Journal of Social Psychology* 139: 446-57. 1999.

16. Veja Wegner, D. M. et al. "Paradoxical effects of thought suppression". *Journal of Personality & Social Psychology* 53: 5-13. 1987.

17. Dois outros exercícios de autocontrole foram utilizados: monitoração e registro da ingestão de comida, e regulação de humor. (Este último não foi particularmente bem-sucedido em melhorar a autoregulação.)
18. Wegner, "When the antidote is the poison".
19. Veja Ansfield, Wegner e Bowser, "Ironic effects of sleep urgency".
20. Fischbach, A., R. S. Friedman e A. W. Kruglanski. "Leading us not into temptation: momentary allurements elicit overriding goal activation". *Journal of Personality & Social Psychology* 84: 296-309. 2003.
21. Fischbach, Friedman e Kruglanski, "Leading us not into temptation". Veja o estudo 4.
22. Veja, por exemplo, Gollwotzer, P. M. "Implementation intentions: strong effects of simple plans". *American Psychologist* 54: 493-503. 1999.
23. Milne, S. E., S. Orbell e P. Sheeran. "Combining motivational and volitional interventions to promote exercise participation: protection motivation theory and implementation intentions". *British Journal of Health Psychology* 7: 163-84. 2002.
24. Verplanken, B. e S. Faes. "Good intentions, bad habits, and effects of forming implementation intentions on healthy eating". *European Journal of Social Psychology* 29: 591-604. 1999; Armitage, C. J. "Evidence that implementation intentions reduce dietary fat intake: a randomized trial. *Health Psychology* 23: 319-23. 2004; mas, para descobertas contrárias de saudável comportamento alimentar, veja Jackson, C. et al. "Beyond intentions: do specific plans increase health behaviours in patients in primary care? A study of fruit and vegetable consumption". *Social Science & Medicine* 60: 2383-91. 2005; Koole, S. e M. Spijker. "Overcoming the planning fallacy through willpower: effects of implementation intentions on actual and predicted task-completion times". *European Journal of Social Psychology* 30: 873-88, 2000; e Orbell, S., S. Hodgkins e P. Sheeran. "Implementation intentions and the theory of planned behavior". *Personality & Social Psychology Bulletin* 23: 945-54. 1997.

25. Lavin, D., and A. Groarke. "Dental floss behaviour: a test of the predictive utility of the Theory of Planned Behaviour and the effects of making implementation intentions". *Psychology, Helath & Medicine* 10: 243-52. 2005.

Capítulo 8: O Cérebro Fanático

1. Devine, P. "Stereotypes and prejudice: their automatic and controlled components". *Journal of Personality & Social Psychology* 56: 5-18. 1989.

2. A maior parte das pesquisas sobre os efeitos do estereótipo do negro sobre a percepção e comportamento foi feita com participantes não-negros. Entretanto, como grupos estigmatizados têm consciência dos estereótipos que em relação a eles existem, eles também podem muito bem ser influenciados, de forma semelhante, pelos mesmos estereótipos. De fato, existe alguma evidência sugerindo que esse realmente é o caso. Por exemplo, tanto crianças negras como crianças brancas interpretam o comportamento ambiguamente hostil como mais agressivo ou hostil quando executado por uma pessoa negra que por uma pessoa branca [Sager, H. A. e J. W. Schofield. "Racial and behavioral cues in black and white children's perception of ambiguously agressive acts". *Journal of Personality & Social Psychology* 39: 590-98. 1980.] Veja tambem Correl, J. et al. "The police officer's dilemma: using ethnicity to disambiguate potentially threatening individuals". *Journal of Personality & Social Psychology* 83: 1314-29. 2002.

3. Payne, K. B. "Prejudice and perception: the role of automatic and controlled processes in misperceiving a weapon". *Journal of Personality & Social Psychology* 81: 181-92. 2001.
4. Correll et al., "The police officer's dilemma".
5. Plant, E. A. e B. M. Peruche. "The consequences of race for police officer's responses to criminal suspects". *Psychological Science* 16: 180-83. 2005.

6. Veja, por exemplo, Cowan, R., D. Campbell e V. Dodd. "New claims emerge of Menezes death". *The Guardian*. 17 de agosto de 2005. Visitado em 14 de novembro de 2005, em http://www.guardian.co.uk/attackonlondon/story/0,16132,1550565,00.html.
7. Lepore, L. e R. Brown, "Category and stereotype activation: is prejudice inevitable?". *Journal of Personality & Social Psychology* 72: 275-87. 1997.
8. Rudman, L. A. e E. Borgida. "The afterglow of construct accessibility: the behavioral consequences of priming men to view women as sexual objects". *Journal of Experimental Social Psychology* 31: 493-517. 1995.
9. Bargh, J. M., M. Chen e L. Burrws. "Automaticity of social behavior: direct effects of trait construct and stereotype activation on action". *Journal of Personality & Social Psychology* 71: 230-44. 1996.
10. Chen, M. e J. A. Bargh. "Nonconscious behavioral confirmation processes: the self-fulfilling consequences of automatic stereotype activation". *Journal of Experimental Social Psychology* 33: 541-60. 1997.
11. Word, C. O., M. P. Zanna e J. Cooper. "The nonverbal mediation of self-fulfilling prophecies in interracial interaction". *Journal of Experimental Social Psychology* 10: 109-20. 1974.
12. Vescio, T. K. et al. "Power and the creation of patronizing environments: the stereotype-based behaviors of the powerful and their effects on female performance in masculine domains". *Journal of Personality & Social Psychology* 88: 658-72. 2005.
13. Esses resultados foram obtidos quando homens foram encorajados a adotar uma abordagem "baseada na fraqueza" em relação à liderança (para focar nas fraquezas que poderiam prejudicar as chances de sucesso da equipe). Homens encorajados a adotar a oposta abordagem "baseada na força" trataram homens e mulheres igualmente, como também fizeram as mulheres líderes tanto na condição baseada na fraqueza como na baseada na força.
14. Veja Steele, C. M. "A threat in the air: How stereotypes shape intellectual identity and performance". *American Psychologists* 52: 613-29. 1997.

15. Spencer, S. J., C. M. Steele e D. M. Quin. "Stereotype threat and women's math performance". *Journal of Experimental Social Psychology* 35: 4-28. 1999.
16. Johns, M., T. Schmader e A. Martens. "Knowing is half the battle: teaching stereotype threat as a means of improving women's math performance". *Psychological Science* 16: 175-79. 2005.
17. Manuscrito não publicado de Aronson, J. e J. Williams. Citado por Johns, Schmader e Martens. "Knowing is half the battle".
18. Walton, G. M. e G. L. Cohen. "Stereotype lift". *Journal of Experimental Social Psychology* 39: 456-67. 2003.
19. Veja Jussim, L. "Social perception and social reality: a reflection-construction model". *Psychological Review* 98: 54-73. 1991.
20. Marcus-Newhall, A., S. Thompson e C. Thomas. "Examining a gender stereotype: menopausal women". *Journal of Applied Social Psychology* 31: 695-719. 2001.
21. Kunda, Z. e K. C. Oleson. "Maintaining stereotypes in the face of disconfirmation: constructing grounds for subtyping deviants". *Journal of Personality & Social Psychology* 68: 565-79. 1995.
22. Kunda, Z. e K. C. Oleson. "When exceptions prove the rule: how extremity of deviance determines the impact of deviant examples on stereotypes". *Journal of Personality & Social Psychology* 72: 965-79. 1997.
23. Rudman, L. A. e K. Fairchild. "Reactions to counterstereotypic behavior: the role of backlash in cultural stereotype maintenance". *Journal of Personality & Social Psychology* 87: 157-76. 2004.
24. Rudman, L. A. e P. Glick. "Feminized management and backlash toward agentic women: the hidden costs to women of a kinder, gentler image of middle managers". *Journal of Personality & Social Psychology* 77: 743-62. 1999.
25. Rudman, L. A. "Self-promotion as a risk factor for women: the costs and benefits of counterstereotypical impression management". *Journal of Personality & Social Psychology* 74: 629-45. 1998.
26. Glick, P. e S. T. Fiske. "An ambivalent alliance: hostile and benevolent sexism as complementary justifications for gender inequality". *American Psychologist* 56: 109-18. 2001.

27. "A racionalização ideológica de que homens e mulheres têm posições complementares mas iguais na sociedade parece ser uma invenção relativamente recente. Antigamente — e em um ambiente mais conservador que o atual — não foi sentida a necessidade de dar um verniz igualitário à ideologia". S. L. Bem e D. J. Bem (1970), como citado em Jost, J. T. e A. C. Kay. "Exposure to benevolent sexism and complementary gender stereotype: consequences for specific and diffuse forms of system justification". *Journal of Personality & Social Psychology* 88: 498-509. 2005.
28. Veja Glick e Fiske. "An ambivalent alliance". Nas quatro nações mais machistas, dentre as dezenove que estudaram (como avaliado por dois índices supranacionais das Nações Unidas), as mulheres apoiavam o machismo benevolente mais fortemente que os homens. (As nações eram Cuba, Nigéria, África do Sul e Botsuana.)
29. Jost e Kay, "Exposure to benevolent sexism".
30. Sinclair, L. e Z. Kunda. "Reactions to a black professional: Motivated inhibition and activation of conflicting stereotypes". *Journal of Personality & Social Psychology* 77: 885-904. 1999; e Sinclair, L. e Z. Kunda. "Motivated stereotyping of women: she's fine if she praised me but incompetent if she critized me". *Personality & Social Psychology Bulletin* 26: 1329-42. 2000.
31. Fein, S. e S. J. Spencer. "Prejudice as self-image maintenance: affirming the self through derogating other". *Journal of Personality & Social Psychology* 73: 31-44. 1997.
32. Veja Junda, Z. e S. J. Spencer. "When do stereotypes come to mind and when do they color judgment? A goal-based theoretical framework for stereotype activation and application". *Psychology Bulletin* 129:522-44. 2003.
33. Monteih, M. J. e C. I. Voils. "Proneness to prejudiced responses: toward understanding the authenticity of self-reported discrepancies". *Journal of Personality & Social Psychology* 75: 901-16. 1998.
34. Monin, B. e D. T. Miller. "Moral credentials and the expression of prejudice". *Journal of Personality & Social Psychology* 81: 5-16. 2001.

35. Macrae, C. N. et al. "Out of mind but back in sight: stereotypes on the rebound". *Journal of Personality & Social Psychology* 67: 808-17. 1994.
36. Veja Monteih, M. J., J. W. Sherman e P. Devine. "Suppression as a stereotype control strategy". *Personality & Social Psychology Review* 2: 63-82. 1998.
37. Macrae, C. N., A. B. Milne e G. V. Bodenhausen. "Stereotypes as energy-saving devices: a peek inside the cognitive toolbox". *Journal of Personality & Social Psychology* 66: 37-47. 1994.
38. Veja Monteih, M. J. "Self-regulation of prejudiced reponses: implications for progress in prejudice-reduction efforts". *Journal of Personality & Social Psychology* 65: 469-85. 1993; e Monteih, M. J., et al. "Putting the brakers on prejudice: on the development and operation of cues for control". *Journal of Personality & Social Psychology* 83: 1029-50. 2002.
39. Gollwitzer, P. M., et al. "Implementation intention effects on stereotype and prejudice activation. Citado em Gollwitzer, P. M. Implementation intentions: strong effects of simple plans". *American Psychologist* 54: 493-503. 1999.

Epílogo: O Cérebro Vulnerável

1. Veja ceticismo estimulado, como descrito no Capítulo 1, p. 16-18.
2. Veja perseverança de crença e suscetibilidade às insinuações, como descrito no Capítulo 5, p. 116-21 e 132-230.
3. Lewandowsky, S. et al. "Memory for fact, fiction, and misinformation: The Iraq War 2003". *Psychological Science* 16: 190-95. 2005.
4. Veja contágio emocional de juízos morais, como descrito no Capítulo 3, p. 58-60. Este caso particular é descrito em Colwell, L. H. "Cognitive heuristics in the context of legal decision making" *American Journal of Forensic Psychology* 23: 17-41. 2005.
5. Como a hipótese (agora totalmente desacreditada) de que "mães-geladeiras" eram responsáveis pelo autismo de seus filhos pôde ter

tanto sucesso nas décadas de 1950 e 1960? Seria, em parte, por conta de nossa necessidade de acreditar em um mundo justo (coisas ruins acontecem a pessoas más)? Veja o Capítulo 3, p. 60-63, e a correlação ilusória descrita no Capítulo 4, p. 84-87.

6. Veja controle situacional de comportamento e o viés de correspondência, como descrito no Capítulo 3, p. 73-74. Veja, também, os efeitos de estresse, distração, exclusão social etc. na força de vontade, como descrito no Capítulo 7.

7. Veja interpretação polarizada de comportamento ambíguo, como descrito no Capítulo 8. Com relação ao uso de estereótipos em inferências tácitas, veja Dunning, D. e D. A. Sherman. "Stereotypes and tacit inferences". *Journal of Personality & Social Psychology* 73: 459-71. 1997.

8. Em uma detalhada análise do processo de revisão por pares empregado pelo Conselho Sueco de Pesquisa Médica, pesquisadores observaram que mulheres cientistas tinham de ser cerca de duas vezes e meia mais produtivas que seus colegas masculinos para serem consideradas cientistas competentes. Wennerås, C. e A. Wold. "Nepotism and sexism in peer review". *Nature* 387: 341-43. 1997.

9. Veja o papel de estereótipos raciais na percepção, como descrito no Capítulo 8, p. 180-82.

10. Veja juízos congruentes com emoções, como descrito no Capítulo 2, p. 40-42.

11. Veja explicações posteriores e errôneas de comportamento, como descrito no Capítulo 6, p. 139-44. Wilson e Nisbett observaram que consumidores, podendo escolher entre quatro pares de meias idênticas, desproporcionalmente preferiram aqueles posicionados à direita. (Obviamente, os consumidores não citaram a posição como um fator para a preferência de um par de meias em particular.) Veja Wilson, T. D. e R. E. Nisbett. "The accuracy of verbal reports about the effects of stimuli on evaluations and behavior". *Social Psychology* 41: 118-31. 1978.

12. Pelham, B. W., M. C. Mirenberg e J. T. Jones. "Why Susie sells seashells by the seashore: implicit egotism and major life decisions".

Journal of Personality & Social Psychology 82: 469-87. 2002; Jones, J. T. et al. "How do I love thee? Let me count the Js. implicit egotism and interpersonal attraction". *Journal of Personality & Social Psychology* 87: 665-83. 2004.

13. Veja o efeito do estímulo de esquemas no comportamento, como descrito no Capítulo 6, p. 133-38.

14. Com relação a esses e exemplos subseqüentes, veja o efeito, no comportamento, do estímulo de estereótipos negativos ou benevolentes, como descrito no Capítulo 8.

15. Mas não se o objetivo foi apresentado como sendo socialmente aceitável. Aarts, H., P. M. Gollwitzer e R. R. Hassin. "Goal contagion: perceiving is for pursuing". *Journal of Personality & Social Psychology* 87: 23-37. 2004.

16. O termo "contaminação mental" foi definido em Wilson, T. D. e N. Brekke. "Mental contamination and mental correction: unwanted influences on judgments and evaluations". *Psychological Bulletin* 116: 117-42. 1994. Os autores discutem estratégias para evitar a contaminação.

17. Veja o fenômeno "você não pode não acreditar em tudo que lê", como descrito no Capítulo 5, p. 121-122.

18. Veja Capítulo 2, p. 42.

19. Veja Wilson e Brekke, "Mental contamination and mental correction".

20. Por exemplo, voluntários que seriam responsabilizados por seu julgamento da culpabilidade de acusados evitaram o efeito polarizador de raiva anterior. Veja Capítulo 3, p. 59-60. Veja, também, Thompson, E. P. et al. "Accuracy motivation attenuates covert priming: the systematic reprocessing of social information". *Journal of Personality & Social Psychology* 66: 474-89. 1994.

21. Por exemplo, as pessoas pensam que o viés em proveito próprio afeta as outras pessoas mais que elas próprias; veja Capítulo 1, p. 8. As pessoas também pensam que fatores situacionais influenciarão seus próprios comportamentos menos que os de outras pessoas; veja Capítulo 3, p. 72-73.

Impresso no Brasil pelo
Sistema Cameron da Divisão Gráfica da
DISTRIBUIDORA RECORD DE SERVIÇOS DE IMPRENSA S.A.
Rua Argentina 171 – Rio de Janeiro, RJ – 20921-380 – Tel.: 2585-2000